餐饮部实训教程

主 编 赵 萍
副主编 别金花 王 静

西安交通大学出版社
XI'AN JIAOTONG UNIVERSITY PRESS

国家一级出版社
全国百佳图书出版单位

内容提要

在激烈的餐饮市场竞争中,企业在完善硬件的基础上,只有不断规范和创新自己的服务内容和服务质量,才能脱颖而出。本书是饭店管理专业的餐饮实训教材,详细讲述了餐饮服务的基本技能和操作流程,以及餐饮服务的礼仪规范等,系统阐述了餐饮服务的实务知识。全书共分为7章,主要内容包括餐饮基础理论知识、各岗位工作职责、餐饮服务技能、中餐服务、西餐服务、宴会服务、餐饮对客服务等。本书以实训项目为主线,包含以训练技能应掌握的知识和实际工作中的典型案例,强调理论知识与具体实践操作的有机结合,培养和提高学生的技术应用能力。

图书在版编目(CIP)数据

餐饮部实训教程/赵萍主编.—西安:西安交通大学出版社,2011.2(2019.7重印)
ISBN 978-7-5605-3795-5

Ⅰ.①餐… Ⅱ.①赵… Ⅲ.①饮食业-商业服务-教材 Ⅳ.①F719.3

中国版本图书馆 CIP 数据核字(2010)第 233807 号

书　　名	餐饮部实训教程
总 主 编	刘　住
主　　编	赵　萍
责任编辑	赵怀瀛
出版发行	西安交通大学出版社 (西安市兴庆南路10号　邮政编码710049)
网　　址	http://www.xjtupress.com
电　　话	(029)82668357　82667874(发行中心) (029)82668315(总编办)
传　　真	(029)82668280
印　　刷	西安日报社印务中心
开　　本	700mm×1000mm　1/16　印张 10.75　字数 177千字
版次印次	2011年2月第1版　2019年7月第3次印刷
书　　号	ISBN 978-7-5605-3795-5
定　　价	29.80元

读者购书、书店添货如发现印装质量问题,请与本社发行中心联系、调换。
订购热线:(029)82665248　(029)82665249
投稿热线:(029)82668133
读者信箱:xj_rwjg@126.com

版权所有　侵权必究

总 序

随着第三产业的发展,现代服务业在各国国民经济中的比重不断增加。饭店业作为现代服务业中的主要组成部分,其经济地位日显重要,经济影响在世界范围内越来越被各国政府所重视,成为推动社会经济发展的重要因素。全球饭店业不论在数量、规模、结构,还是在服务质量和经营管理水平等各方面都取得了长足的进步,饭店从业人员的职业化程度也不断提升。

中国饭店业用了30多年的时间,走完了发达国家饭店业近百年的历程。国家旅游局局长邵琪伟在"2007年中国旅游投资洽谈会"上指出,到2015年全国将新增各类住宿设施约20万家,其中星级饭店约1万家,五星级饭店将超过500家,对休闲度假饭店的需求也将成倍的增长。近年来,国际品牌饭店巨头洲际、温德姆、万豪、雅高、凯悦、喜来登、希尔顿、香格里拉等纷纷瞄准中国广阔的旅游和饭店市场,给予大力的预算投资和市场开拓,增资或合作新建项目。随着全球经济一体化,饭店业的竞争日趋激烈。未来十年,饭店业的竞争首先是人才的竞争,然后才是市场的竞争。我国饭店业在保持迅猛增长劲头的同时,人才需求矛盾的日益突出,已成为饭店业可持续发展的瓶颈。要提高我国饭店业的国际竞争力,必须加强对饭店管理专业人才的教育和培训,这是我国饭店业未来发展制胜的关键。

饭店管理专业是培养饭店业人才且具有鲜明职业色彩的专业教育,这个本质属性决定其教育培养模式必然是"以能力为基础的教育(competency based education,CBE)",这一论断已被国内外饭店管理教育的正反实践所一再证实。

国外饭店管理专业教育已有100多年历史,最著名的饭店管理院校是瑞士洛桑饭店管理学院和美国康奈尔大学饭店管理学院,这两所学校的毕业生遍布全球国际饭店管理集团的高层,在世界上享有盛誉。之所以成功,盖源于他们设计的是以能力为本位的教学模式,强调必须以足够的专业知识为基础,以职业岗位能力为重心,并将学生的能力作为其就业取向、职业导向和参照标准。欧洲、美洲、澳洲等国家和地区的饭店管理院校,均积极推行这种教育培养模式。

中国的饭店管理专业教育也走过了30多年的历程。在大陆之外,台湾高雄餐旅学院、香港理工大学酒店及旅游业管理学院、澳门旅游学院等;在大陆,上海旅游高等专科学校、桂林旅游高等专科学校、南京旅游职业学院、山东旅游职业学院、浙江旅游职业学院等,同样采用这种"以胜任岗位工作要求为出发点的教育",并取得了成功。

相反,采用"以知识为本位的教育(knowledge based education, KBE)"的饭店管理院校没有一家取得成功。之所以失败,盖源于他们参照的教育培养模式的重心放在知识上,是教学取向学科导向,重理论轻应用,属于常模参照。

CBE的核心部分是职业岗位能力分析,首先考虑的是学生毕业后将从事的岗位工作的具体要求,再据此有针对性地开发课程和组织教学活动。对此,本系列饭店实训教程就是根据饭店前厅、客房、餐饮、酒吧、厨房、财务等几个主要部门的每个岗位的职责要求,细分成具体工作项目、操作程序和规范标准。它有如下显著特点:第一,通过职业岗位和岗位群的职业能力要求分析来确定教学实训目标;第二,每项实训任务以学生动手完成任务为准则,即用可测量的标准来说明学生的学习结果;第三,实训过程强调掌握职业能力,而非强调实训时间的长度和方式;第四,开展以学生为中心组织实训,并采用目标教学法,重视实训过程中的质量控制和评估。

我们相信,本系列丛书由于以上特点,不仅能够满足饭店管理院校学生的实训需要,也能够满足饭店企业员工的培训需要。诚然,任何一项改革和创新的阶段性成果,都不可避免地有其局限性,我们将在使用本系列教程过程中不断地征询意见并对教程进行修正,使之日臻完善。

刘 住
2010.12.5

前言

餐饮服务是现代酒店不可或缺的经营内容,在酒店的产品构成中,餐饮服务是极为重要和关键的一环。餐饮营业收入是酒店良好经济效益的主要来源,餐饮服务水平的高低、服务形式的多寡优劣,往往影响到酒店的声誉,并关系到酒店产品的整体质量。随着酒店业的市场竞争日趋激烈,越来越多的酒店都利用自身在餐饮方面的特点来吸引宾客,而酒店餐饮之间的竞争,本质上是服务质量的竞争。因此,赢取市场份额、促进酒店餐饮事业发展的关键在于准确把握现代酒店的发展趋势,顺应餐饮服务的发展潮流,不断探索提高和完善餐饮服务的途径和方法,不断创新和发展餐饮服务的标准和规范,全面提升餐饮服务质量,以取得良好的经济效益和社会效益。

《餐饮部实训教程》是酒店管理专业的餐饮实训教材。本书以实训项目的方式讲解餐饮服务的技能标准和规范,内容完整,针对性和可操作性较强。章节后增加了"案例分析"环节,既有利于知识的扩展,又便于在实训操作过程中培养和提高学生在工作中解决实际问题的能力。本书既适合于旅游管理和酒店管理专业本专科学生使用,也可作为酒店餐饮部的培训教材和业务指导用书。

成都信息工程学院银杏酒店管理学院建于2002年,是四川省首批教育部审核确认的七所独立学院之一,也是由教育部核准的全国第一所本科层次的酒店管理学院。学院本着"一切为了学生的发展,一切为了服务于社会"的办学核心理念和共同价值观,以"服务养成,知行相济"为校训,强调学生综合素质的培养,注重培养学生学以致用的能力。酒店管理专业是学院重点建设的特色专业,以培养适应酒店管理、服务第一线需要的应用型人才为根本目的,具有鲜明的职业特色,其内在特点决定了实践教学环节的重要性。学院领导对酒店管理专业的实践教学极为重视,该专业在实践教学体系建设、课程建设、教材建设等方面进行了改革和探索。在学院领导的指导和关怀下,酒店系全体教师积极参与,付出了辛勤的劳动,使本书得以顺利完成,感激之情无法言表。在本书的编写过程中,得到了成都银杏餐饮有限公司、成都凯宾斯基饭店、成都明悦大酒店、成都天之府温德姆至尊豪廷大酒店、成都岷山饭店等企业的大力支持和帮助,使本书内容得到了进一步充实,在此一并表示衷心的感谢!原学院首席顾问,刘住先生为本书的编写、出版提供了极大的帮助,在此深表谢意!本书参考了其他一些酒店业专家学者的观点及成果,他们的作品已在主要参考文献中列出,在此本人深表感谢!

由于编者的水平有限,书中难免存在错误和不足之处,还望读者赐阅赐教,提出宝贵意见。

最后,对西安交通大学出版社与各位编辑的大力支持表示衷心的感谢!

成都信息工程学院银杏酒店管理学院

赵 萍

2010年11月2日

目 录

第一章　餐饮部概述 /1
第二章　餐饮部各岗位的工作职责 /9
第三章　餐饮服务技能 /13

10. 西餐午晚餐摆台 /33
11. 西餐宴会摆台 /36
12. 台裙、转盘、餐桌的存放 /39

第一节　托盘服务 /14
　基础知识 /14
　实训项目 /16
　　1. 轻托 /16
　　2. 重托 /17

第三节　酒水服务 /44
　实训项目 /45
　　1. 酒水推销和服务 /45
　　2. 啤酒服务 /47
　　3. 白酒服务 /48
　　4. 黄酒服务 /49
　　5. 红葡萄酒服务 /50
　　6. 白葡萄酒服务 /53
　　7. 香槟酒服务 /54

第二节　摆台服务 /19
　基础知识 /19
　实训项目 /20
　　1. 铺台布 /20
　　2. 围台裙 /21
　　3. 准备口布花 /22
　　4. 准备中餐摆台用具 /24
　　5. 摆放中餐午晚餐餐具 /25
　　6. 中餐午晚餐摆台 /28
　　7. 中餐宴会摆台 /29
　　8. 西餐早餐自助餐摆台 /31
　　9. 西餐午晚餐自助餐摆台 /32

第四节　点菜、上菜与分菜 /56
　基础知识 /56
　实训项目 /58
　　1. 菜单服务 /58
　　2. 中餐点菜服务 /59
　　3. 西餐点菜服务 /60

1

4. 西餐点酒服务 /61
　　5. 中餐上菜服务 /62
　　6. 西餐上菜服务 /63
　　7. 西餐分菜服务 /65
　　8. 中餐宴会分菜服务 /66
案例 /67
第四章　中餐服务 /68

　　2. 茶水服务 /76
　　3. 水果服务 /78
　　4. 铺口布、撤筷子套 /78
　　5. 上餐前小菜服务 /79
　　6. 甜品服务 /79
　　7. 席间服务 /80

第一节　餐前准备 /69
实训项目 /70
　　1. 规范着装 /70
　　2. 清洁餐厅 /71
　　3. 准备就餐环境 /72
　　4. 参加班前会 /72
　　5. 迎候宾客 /73

第三节　餐后服务 /82
实训项目 /83
　　1. 菜肴打包服务 /83
　　2. 结账服务 /83
　　3. 送客服务 /85
　　4. 撤台 /86
　　5. 清场 /87
案例 /87
第五章　西餐服务 /89

第二节　餐中服务 /75
实训项目 /75
　　1. 香巾服务 /75

第一节　准备工作 /90
基础知识 /90
实训项目 /91
　　1. 卫生工作 /91

2. 餐具的清洁和登记 /92

3. 盐椒瓶的准备 /93

4. 擦拭玻璃杯 /93

5. 擦拭银器 /94

6. 糖盅、奶罐的准备 /95

7. 检查菜单和酒水单 /95

8. 备茶 /96

9. 准备冰桶 /96

10. 准备甜酒 /97

11. 摆放沙拉台 /98

案例 /113

第六章　宴会服务 /115

第一节　宴会的准备工作 /116

基础知识 /116

实训项目 /117

1. 宴会预订 /117

2. 宴会前例会 /119

3. 检查设备设施 /120

4. 了解宴会订单 /121

5. 宴会布局 /122

6. 准备宴会物品 /123

7. 中餐宴会的备餐台准备 /123

8. 西餐宴会的备餐台准备 /124

第二节　西餐服务工作 /99

基础知识 /99

实训项目 /102

1. 冰水服务 /102

2. 开胃酒服务 /102

3. 面包服务 /103

4. 黄油服务 /104

5. 小头盘服务 /105

6. 主菜服务 /106

7. 现场分切牛扒、羊扒 /107

8. 更换餐具和撤盘服务 /108

9. 奶酪服务 /109

10. 甜品服务 /110

11. 咖啡、茶及糖、奶服务 /111

12. 为分单的宾客服务和结账服务 /112

第二节　宴会服务工作 /125

实训项目 /125

1. 中餐宴会服务 /125

2. 中餐宴会传菜服务 /130

3. 整鱼服务 /131

4. 西餐宴会服务 /133

第三节　宴会结束工作 /135

实训项目 /135

1. 结账、送客服务 /135

2. 餐后收尾 /136

案例 /137

第七章　餐饮对客服务 /139

第二节　解决疑难问题 /147

实训项目 /147

1. 为儿童服务 /147

2. 为生病宾客服务 /147

3. 为有急事的宾客服务 /149

4. 为左手用餐的宾客服务 /149

5. 在餐厅客满的情况下，接待用餐的宾客 /150

6. 退菜服务 /151

7. 处理投诉 /152

8. 处理突发事件 /153

案例 /158

主要参考文献 /161

第一节　餐饮服务礼仪 /140

基础知识 /140

实训项目 /145

1. 接听餐厅电话 /145

2. 为老年人、残疾人服务 /146

第一章
餐饮部概述

一、餐饮业发展概述

餐饮业是利用设备、场所和一定消费环境为外出就餐的宾客提供餐饮产品和用餐服务的生产经营性服务行业。环境、食品、服务是构成餐饮消费的三大因素,具体来说就是包括:①有食品和饮料供应;②有足够令人放松精神的环境或气氛;③有固定场所,能够满足宾客差异化的需求与期望,并能实现既定的经营目标和利润目标。

现代餐饮业主要包括三大类:①酒店、度假村、娱乐场所等所属的餐饮部;②各类独立经营的餐饮服务机构,如社会餐厅、餐馆、酒楼、快餐店、茶坊、酒吧、咖啡屋、冷饮吧等;③企事业单位餐厅、食堂等餐饮服务机构。

"百业以餐饮为王",餐饮业一向被视为是最具吸引力的行业之一,与其他产业相比,具有投资少、产出高、增长快、贡献大的特点。随着我国经济社会的发展和人民生活水平的提高,餐饮消费已成为国民经济新的增长点。家庭厨房社会化和外出就餐经常的消费观念的形成,使以家庭消费为代表的大众化餐饮市场和节假日市场不断扩大,餐饮消费市场已从价格、品种选择为主,向品位、氛围、服务和品牌文化等方向转变,选择性和理性化消费的特点日趋增强。人们消费更加注重卫生、环境、服务、特色等需求,不仅要求吃饱吃好、物美价廉,还要求获得良好的心理和精神享受。

餐饮业未来将呈以下发展趋势:

(1) 绿色、健康理念深入人心。随着人们生活水平的提高,各个年龄段的消费者都将会愈加注重饮食营养和饮食健康。绿色农业、种植业、养殖业的兴起,为绿色餐饮在市场上打特色、创品牌提供了基础。

(2) 旅游休闲餐饮将逐步升温。随着人们消费水平的不断提高和旅游热的持续升温,旅游用餐和休闲用餐将会有更大的发展。

(3) 商务餐发展趋势良好。伴随着我国经济的发展,各类商务人士在外用餐会逐步增多,会议餐和商务宴请将会成为又一个增长点,并且还可能会呈现出两极分化的趋势,高档宴请和商务用餐将会拥有极大的发展潜力,并形成齐头并进之势。

(4) 连锁经营会有更大发展,中式快餐将走出低谷。连锁经营已成为餐饮业普遍采用的经营方式和组织形式。由于连锁经营可以使酒店形成一定的规模,因此显示出强大的竞争力和发展潜力。

(5) 餐饮业的服务不断创新。餐饮服务创新是餐饮业发展的关键因素,服务创新不但能给消费者带来物质和精神的双重享受,而且能给酒店带来丰厚的利润和可持续发展的机遇。要在激烈的市场竞争中立于不败之地,酒店必须在实施与符合企业服务理念层次相对应的经营策略的同时,将创新当作另一种经营策略在餐饮服务中加以研究并运用。

二、酒店餐饮部的地位与作用

餐饮作为酒店经营的重要内容,在酒店营运中具有举足轻重的作用。餐饮服务是餐饮部工作人员为就餐宾客提供餐饮产品的一系列行为的总和,餐饮部的服务、管理水平直接影响到酒店的声誉。餐饮部的经营活动是酒店营销活动的重要组成部分,其收入是酒店收入的重要组成部分,同时餐饮部也是酒店用工最多的部门。因此,餐饮服务的优劣关系到酒店是否可以取得良好的社会效益和经济效益。

餐饮服务在西方发达国家已经相当完善和人性化。以西餐服务为代表,无论是服务程序还是服务配备,皆可以说是达到了一流水平。西方的餐饮服务种类繁多,每一种服务都有其各自的特点,整个服务过程都井井有条,达到了为宾客着想,一切以满足宾客的需要为目标。与此同时,以西餐服务为主的许多大型酒店,已逐渐向规模化、集团化方向经营,并迅速向国外扩展,以使自己的餐饮服务有更深远的影响。

酒店的餐饮部设有采购、厨房、餐厅三大部门。餐饮部的管理大多采取"直线职能式"的管理模式,内部关系采取垂直领导、横向协调的方法,使之成为一个有机的整体。因各酒店规模、星级和餐饮部本身的职能不同,餐饮部的内部组织机构形式也不尽相同。

小型酒店餐饮部的特点:餐厅数量少、类型单一,大多数只经营中餐,结构

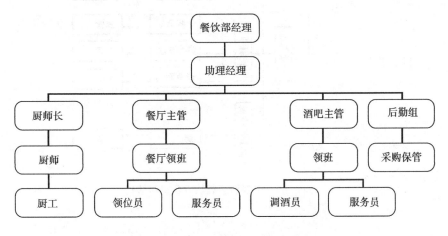

图1-1 小型酒店餐饮管理组织结构图

简单,分工不细。

中型酒店餐饮部的特点:餐厅数量比小型酒店多、类型比较全、结构相对复杂,分工较细。

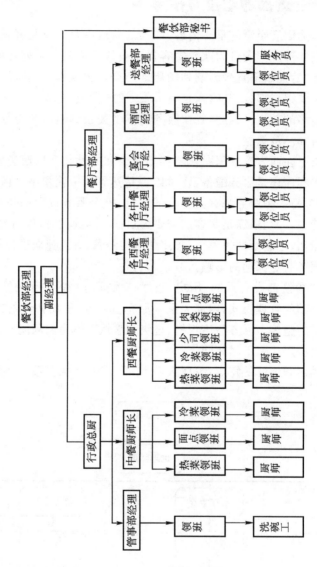

图1-2 中型酒店餐饮管理组织结构图

大型酒店餐饮部的特点:一般有5个以上的餐厅,多者达10~20个,各餐厅单独配有厨房,分工明确,专业化程度较高。

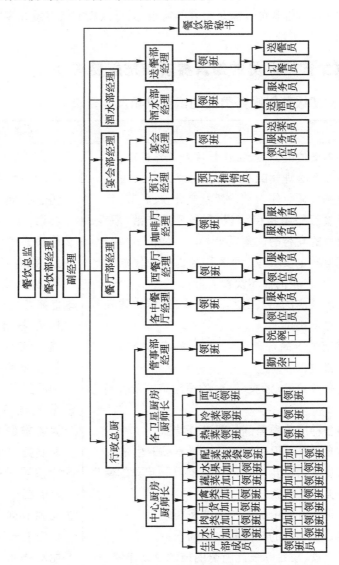

图1-3 大型酒店餐饮管理组织结构图

目前在发达国家,许多酒店减少了餐饮设施与服务,甚至有的酒店已经放弃了膳宿共管的概念,这主要是由于餐饮人工成本高、管理要求相对较高、市场竞争激烈、利润率低、普遍缺乏盈利性的原因,故而这些酒店转为主营客房业务，一般不提供餐饮服务。它们通常与附近餐馆建立客户关系；或者餐饮经营权交给某一专业的餐饮公司，对其采取特许经营、自负盈亏的模式。通过采取上述策略，酒店既可以满足宾客的需求，又可以集中精力做好客房的服务与管理工作。

三、对餐饮服务员的知识要求和技能要求

1. 对初级餐饮服务员的知识要求和技能要求

知识要求	技能要求
①了解本岗位的职责、工作程序及工作标准； ②具有服务心理学的基础知识； ③懂得基本化妆知识和一般社交礼仪、礼节； ④了解餐厅服务接待知识，掌握不同年龄、职业、就餐目的宾客的饮食要求； ⑤了解世界主要国家、地区和国内少数民族的风俗习惯、宗教信仰和饮食习俗； ⑥了解所供应的各种菜肴的口味、烹调方法和制作过程及售价； ⑦了解所供应的各种酒类、饮料的名称、产地、特点及售价； ⑧掌握各种菜肴、酒类、饮料的适用范围及食用方法； ⑨掌握各种菜肴所需的佐料及其特点； ⑩了解食品营养卫生知识，熟悉《食品卫生法》； ⑪了解餐厅内常用布件、餐具、酒具和用具的使用及分类保管知识； ⑫了解销售过程中的各种手续及要求； ⑬懂得各种单据的使用和保管知识； ⑭掌握托盘、摆台等技能所需的技术及动作要求； ⑮掌握零点服务和宴会服务的规程； ⑯掌握安全使用电、煤气及消防设施的知识； ⑰了解餐厅内常用设备、工具的使用及保养知识。	①会讲普通话，语言简练、准确，并能用外语进行简单的工作会话； ②能根据宾客需要，介绍、推荐菜肴、点心和酒类、饮料； ③能熟练地进行托盘、折花、摆台、斟酒、上菜、分菜等工作； ④能按照菜单要求正确配置和摆放餐具； ⑤能判断宾客心理，并能推销各种菜肴及酒类、饮料； ⑥能按照服务规程接待散客与一般宴会； ⑦能独立处理接待过程中的一般问题； ⑧能准确迅速地计算售价； ⑨能正确使用和保养常用的机具、设备； ⑩能指导徒工工作。

2. 对中级餐饮服务员的知识要求和技能要求

知识要求	技能要求
①熟悉餐厅服务各项工作的工作流程,餐厅各岗位的设置、职责、人员配备及要求;	①能根据宾客要求编制一般的宴会菜单;
②掌握餐厅内各项操作技能标准;	②能组织一般宴会的接待工作;
③掌握餐厅布局知识;	③能对高级宴会进行摆台,并会铺花台;
④掌握高、中级宴会的服务知识和要求;	④能鉴别菜肴、点心、酒类、饮料的质量优劣;
⑤熟悉某一菜系的特点及名菜、名点的制作过程和口味特点;	⑤能根据宾客要求,布置各类餐厅,设计和装饰各种台型,掌握插花技艺;
⑥掌握餐厅所供应菜肴、点心、酒类和饮料的质量标准;	⑥能正确使用和保养餐厅内家具、餐具、布件及视听设备;
⑦掌握各种佐料的配制及应用知识;	⑦能比较正确地判断宾客心理;
⑧掌握与餐饮业相关的主要商品知识;	⑧能对餐厅出现的特殊情况和宾客投诉作出正确判断,找出原因,提出解决措施;
⑨具有促销和班组管理知识。	⑨具有一定的组织管理能力和语言表达能力;
	⑩能培训和指导初级餐饮服务员。

3. 对高级餐饮服务员的知识要求和技能要求

知识要求	技能要求
①有较丰富的烹饪基础知识,掌握主要菜系的风格及名菜、名点的制作过程和特点;	①能根据宾客需要,编制高级宴会菜单和连续多日的团体包餐菜单;
②精通餐饮业管理知识,掌握市场营销及成本核算知识;	②具有大型高级宴会的组织、设计和指导工作的能力;
③掌握消费心理学和服务心理学及国内外各种节日的知识;	③能进行餐饮成本核算;
④掌握各类型宴会(包括鸡尾酒会、冷餐会)的设计和装饰能	④具有语言艺术表达能力和应变服务技巧,能用外语接待外宾;
	⑤能判断宾客心理,迅速领会宾客的意图,及时满足宾客的需要;

知识要求	技能要求
力； ⑤具有预防、判断和处理食物中毒的知识； ⑥掌握与餐饮服务有关的法规、政策和制度； ⑦掌握部分疾病患者的特殊饮食要求和食疗的基础知识； ⑧掌握餐厅内常用空调、视听等设备的原理、使用及保养知识。	⑥能妥善处理宾客的投诉和突发事故； ⑦及时发现并排除餐厅内照明及常用机具、设备的一般故障； ⑧能收集宾客意见，配合厨房改进技术，增加花色品种，适应消费者需要； ⑨能培训和指导中级餐饮服务员。

第二章
餐饮部各岗位的工作职责

一、餐饮部经理的工作职责

(1) 制定和实施本部门每年度及每月的工作计划,掌握部门营业收入、成本消耗、利润等各项指标的完成情况。

(2) 拟订并健全部门的各项规章制度、工作标准和操作规程。

(3) 检查和管理员工的工作服务规程、出品的质量及各项规章制度的执行情况,发现问题及时给予纠正和处理。

(4) 控制食品成本,正确掌握毛利率,做好成本核算,降低费用,加强食品原料及物品的管理。

(5) 制定烹饪培训计划和考核制度,定期与菜式研究小组研究新菜、点心,推出新菜谱。

(6) 抓好员工队伍的基本建设,熟悉和掌握员工的思想状况,提高员工的餐饮业务水平,定期进行员工培训,调动员工积极性和主动性,对员工开展安全教育。

(7) 抓好设施、设备的日常维护保养,使之处于完好状态并得到合理使用。

(8) 做好每月质量分析。

二、餐厅主管的工作职责

(1) 参加每日早例会,下达早例会精神,向餐饮部经理汇报由餐厅领班反馈的各种信息和员工动态,对工作提出建议性意见。

(2) 督促、指导员工按规程完成日常接待任务,并不间断地巡视。

(3) 合理调度员工的工作,组织并领导餐厅的接待工作。

(4) 掌握餐厅的各项业务,并将自己的经验和技能传授给员工。

(5) 随时在精神上引导员工,激发他们工作的积极性、创造性。

(6) 配合餐饮部经理拟订各项计划,组织计划的实施并检查实施的情况,向餐饮部经理汇报结果、效果和意见。

三、质检主管的工作职责

(1) 负责组织、草拟、修改、完善部门规章制度。

(2) 定期进行当班员工仪表、行为规范、卫生、操作程序的质检工作。

(3) 组织实施员工培训及各类业务比赛、考核。

(4) 参加部门例会,通报质检情况。

(5) 完成上级主管临时交办的任务。

(6) 做好每日工作日志。

(7) 跟踪检查质检问题的整改情况,并给予上级部门及时反馈。

(8) 建立《质检档案》和《培训档案》。

四、餐厅领班的工作职责

(1) 合理调动员工,现场督导并检查员工工作情况。

(2) 带领服务员做好开餐前的准备工作,检查服务员的仪表、仪容是否达到标准和符合规范。

(3) 督促服务员按照卫生条例进行操作,保证卫生质量标准。

(4) 掌握当天餐厅需要推销的特别菜式及其特点、配料与制作时间,并于例会时向服务员进行讲解。

(5) 协助餐厅主管做好日常工作。

(6) 处理和汇报宾客意见。

(7) 完成上级主管临时交办的任务。

五、餐厅文秘的工作职责

(1) 完成上级主管临时交办的任务。

(2) 做好部门和酒店各项指令的传达。

(3) 做好部门档案、资料、办公用品的管理。

(4) 做好部门各项统计和记录工作。

(5) 草拟部门的文件、公函、通知、报告、总结。

六、迎宾员的工作职责

(1) 完成上级主管临时交办的任务。

(2) 认真按照操作规范中的要求进行操作。

(3) 做好餐中迎送工作。

(4) 做好餐中服务接待工作。

(5) 熟悉酒店的服务设施和项目,耐心解答宾客询问。

七、服务员的工作职责

(1) 贯彻实施管理层设立的服务制度和服务标准,严格按照服务程序进行服务,高质量、高效率地满足宾客要求,保持良好的服务形象。

(2) 熟悉菜单和酒水单,向宾客进行积极且有技巧的推销,按规定填好宾客的点菜单和酒水单。

（3）做好餐厅餐具、布草等的补充替换。

（4）积极参加培训，不断提高服务技巧、技能和服务质量。

（5）负责区域设施、设备的清洁保养工作，保证为宾客提供优雅、清洁、安全的就餐环境。

（6）熟悉酒店的服务设施和项目，耐心解答宾客询问。

（7）及时征询宾客意见和建议，尽量帮助宾客解决就餐过程中的各类问题，必要时将宾客意见填写在质量信息卡上并反映给餐厅领班。

（8）完成上级主管临时交办的任务。

八、传菜员的工作职责

（1）做好传菜区域开餐前的卫生及物品准备工作。

（2）做好菜品传送和脏餐具回收工作，做到传菜及时、迅速，达到标准要求。

（3）准备好各种汁酱。

（4）认真按操作规范进行操作，按照正规标准进行端托、码盘等工作。

（5）做好餐厅与厨房沟通联系工作。

（6）做好宾客茶水提供保障工作。

（7）完成上级主管临时交办的任务。

第三章
餐饮服务技能

图片来源：成都银杏酒店管理学院

第一节
托盘服务 ▶

图片来源：成都天之府温德姆至尊豪廷大酒店

基础知识 ▶

　　托盘服务是服务员在餐厅中用托盘运送食物、饮料、餐具等的服务过程。托盘是餐厅运送各种物品的基本工具，可以说是服务员的第二生命，因为在服务过程中，从餐前准备、餐中服务，到餐后的收台整理，都要使用托盘。托盘方法按照承载物重量分为轻托和重托两种。重托是指对较大且较重物品的端托，服务员需要有一定的臂力和技巧。重托主要用于端托较多的菜品、酒水和空碟，而轻托主要用于理盘与装盘。

　　正确地使用托盘是餐厅服务员必须掌握的操作技能，其中，理盘、装盘、起托、行走、落托等动作要领非常重要。使用托盘的注意事项如下：

（1）托盘时要注意卫生，服务前应洗手消毒，所托物品要避开服务员的口鼻部位，也不可将所托物品置于胸下。

（2）托盘操作应严格按规范要求进行，不可单手抓盘边操作，以确保端托安全；当把空托盘拿回时，应用右手或左手拿住托盘边以竖立方式靠近裤边行走（托盘底在外），切忌拿空托盘玩耍。

（3）不要将任何物品突出托盘边缘之外，这样可能使物品因受到震动而损坏；同时不要将托盘中的物品堆得过高或装得过满，以免互相碰撞而发生破损；装载时，物品之间留有适当的间隔。

（4）托盘服务行走时应轻而缓，右手摆动幅度不宜太大；除了在落托时用右手扶托外，行走时禁用右手扶托，因为右手扶托不但会导致动作不雅观，而且会遮挡视线，从而造成动作失误。

（5）不与宾客抢道，与宾客相遇时应侧身让道；发生意外时，如托盘内酒水滑落，不可惊叫，应冷静处理，马上叫同事看护现场，自己去取工具尽快清扫干净。

托盘行走的步伐说明：

常步：又称常规步伐。常步步履均匀而平缓，常在端托一般物品时使用。

快步：又称急行步、疾步。快步步履稳、快而动作协调，常在端送火候菜或急需物品时，在保证菜不变形、汤不洒的前提下使用。快步要求以最快的速度走路，且要求稳中求快。

碎步：又称小快步、小步。碎步是步距小而快的中速行走，适用于端送汤汁多的菜肴及重托物品。

跑楼梯步：使用跑楼梯步时，身体向前弯曲，重心向前，用较大的步距，一步跨两个台阶，一步紧跟一步，上升速度快而均匀，如此巧妙地借用身体和托盘运动的惯性，既节省时间又节省体力。

垫步：又称辅助步，即侧身过时右脚侧一步，左脚跟一步。当端送物品到餐厅前欲将所端物品放于餐台上时，餐厅员工在狭窄的过道中间穿行时或餐厅员工在行进中突然遇到障碍或靠边席桌需要减速时使用垫步。

实训项目 ▶

1. 轻托

作业项目	作业程序	说明/标准
理盘	①将托盘洗净擦干； ②如果不是防滑托盘，应在盘内垫上洁净的餐巾或专用盘布，铺平拉正，四边与盘底相齐，外露部分均匀，保持托盘美观、整洁； ③为了防止托盘内物品滑动而发生意外，垫布要用清水打湿、拧干，如果是防滑托盘，则不必将垫布打湿。	①在理盘前要用医用酒精将托盘及手消毒后再进行托盘； ②不能使用与宾客使用的香巾、餐巾相似的垫布，以免引起误会。
装盘	①根据物品的形状、重量、体积和使用的先后顺序进行合理装盘，以安全稳当和使用方便为原则； ②餐碟、汤碗单件平摆； ③根据所使用的托盘形状码放物品，如用圆托盘时，码放的物品应呈圆形，用长方形托盘时，码放的物品应横竖成形。	①一般将重物、高物码放在托盘内侧； ②将先派用的物品码放在托盘上、前部位，重量分布要得当； ③装酒时，酒瓶商标向外，以便于宾客看清。
起托	①左脚在前，右脚在后，上身前倾，将左手掌置于工作台面下方，掌心向上，用右手慢慢地把托盘平拉出1/3或1/2，左手托住盘底，同时右手相帮，待左手掌握好重心后右手放开，托起托盘后即撤回左脚； ②用左手托盘，左手臂自然弯成90°角，肘与腰部相距15 cm，掌心向上，五指分开，用手指和手掌托住盘底，平托于胸前。	①左手掌心不能与盘底接触； ②托盘略低于胸部，并注意左肘不与腰部接触。

作业项目	作业程序	说明/标准
行走	①要做到头正、肩平、盘平,上身挺直,目视前方,脚步轻快而稳健; ②托盘的手腕要轻松灵活,使托盘在胸前随着走路的节奏自然摆动,但幅度要小,以防菜汁、汤水溢出。	①保持动作敏捷、步伐稳健、视线开阔; ②熟练地将所托物品安全地运送到目的地。
落托	①到目的地站稳后,先将体态调整到立正姿势,左脚向前一步,上身前倾,使左手与台面处于同一平面上,然后用右手相助向前轻推,左手慢慢向后收回,将托盘放平后置于台面; ②用右手取用盘内物品时,应从前后左右(四周)交替取用,随着托盘内物品的不断变化,重心也要不断调整,左手手指应不断地移动,掌握好托盘的重心。	①落盘时,要弯膝不弯腰,以防汤汁外溢或翻盘; ②用托盘给宾客斟酒时,更要随时调节托盘重心,勿使托盘翻掉而将酒水泼洒在宾客身上。

2. 重托

作业项目	作业程序	说明/标准
理盘	①将托盘洗净擦干; ②如果不是防滑托盘,应在盘内垫上洁净的餐巾或专用盘布,铺平拉正,四边与盘底相齐,外露部分均匀,保持托盘美观、整洁; ③为了防止托盘内东西的滑动而发生意外,垫布要用清水打湿、拧干,如果是防滑托盘,则不必将垫布打湿。	重托的托盘常与菜肴接触,容易沾油腻,使用前的清洁工作非常重要。
装盘	①根据物品的形状、重量、体积和使用的先后顺序进行合理装盘,以安全稳当和使用方便为原则; ②托盘内的物品要分类码放,使物品的重量在盘中分布均匀,切忌将物品无	①一般将重物、高物码放在托盘内侧; ②将先派用的物品码放在托盘上、前部位,重量分布要得

作业项目	作业程序	说明/标准
装盘	层次地混合摆放,造成餐具破损。	当; ③装酒时,酒瓶商标向外,以便于宾客看清; ④装盘要以力所能及为原则,不要在托起后随意增加或减少盘内物品。
起托	先用双手将托盘一边移至桌边外,右手扶住托盘边,左手伸开五指,用拳掌托住盘底,在掌握好重心后,用右手协助将托盘慢慢托起,同时转动手腕,使托盘稳托于肩上。	操作时要做到平稳。
行走	①步伐不宜过大、过急; ②行走时应尽量保持头正、肩平,上身挺直,随着行走步伐让盘面上、下微动,切不可使盘面左右或前后晃动,更不能让盘面向外倾斜。	①托送时,要平稳轻松,保持肩平、头正、上身挺直,身体不摇摆; ②托盘一旦托起,要始终保持均匀用力,将盘一托到底,否则会造成物品的歪、撒、掉、滑等现象; ③遇障碍物绕而不停,起托后转,掌握重心,要保持动作表情轻松、自然。
落托	①当眼睛视面与台面平行时,再用左肩及左手掌将盘向前推进; ②落托动作结束后,应及时将盘内物品整理好,并擦净盘面以备后用。	①重托落托时,一要慢,二要稳,三要平; ②落托时要把握好重心。

第二章 餐饮服务技能

第二节
摆台服务 ▶

图片来源：成都银杏酒店管理学院

基础知识 ▶

摆台是为宾客就餐摆放餐具、确定席位、提供必需的就餐用具的工作，作为餐厅配餐工作中的重要一项内容，摆台的好坏直接影响服务质量和餐厅的面貌。摆台要求做到清洁卫生、整齐有序、各就各位、放置得当、方便就餐、配套齐全；台形设计考究合理，安置行为有序，符合传统习惯；小件餐具齐全、整齐一致，具有艺术性，图案对称，距离匀称，便于使用。

摆台可以分为中餐摆台和西餐摆台两大类。由于用餐形式的不同，中餐和西餐摆台所使用的餐具数量不尽相同；不同酒店的摆台方式也略有不同，但原则基本是方便进餐、方便席间服务，大同小异。摆台注意的事项有：

（1）餐具、酒具品种齐全、数量充足，完好、卫生。

（2）铺台布时，台布不能接触地面，正面折缝朝上，台布中心折纹的交叉点应正好在餐台的中心处，中心线直对正、副主人席位。铺好的台布要做到完好、平整、干净、统一、无皱纹，四角呈直线均匀下垂，四周下垂部分与地面距离相等。

（3）坚持使用托盘摆台，摆台时持餐具方法正确，即要求盘碗拿边、汤勺拿柄、水杯拿1/3以下、高脚杯拿杯柄、茶杯拿杯柄，禁止拿杯口。

（4）尊重民族风俗习惯、饮食习惯，如有需要，摆台应符合民族礼仪形式。

中餐圆台铺台布的常用方法：

（1）推拉式铺台。推拉式铺台是指用双手将台布打开后放至餐台上，靠近桌边将台布用双手平行打折，推出再拉回，将台面铺好。要求姿势利落、大方，一次成功。这种方法多适用于餐厅地方窄小或宾客等待急用的情况下。

（2）抖铺式铺台。抖铺式铺台是指用双手将台布打开，平行打折后将台布提拿在双手中，身体呈正位站立式，利用双腕的力量，将台布向前一次性抖开并平铺于餐台上。要求姿势有力、动作潇洒，一次成功。这种方法多适用于较宽畅的餐厅或在周围没有宾客就座的情况下。

（3）撒网式铺台。撒网式铺台是指用双手将台布打开，平行打折，右脚在前、左脚在后站立，双手将打开的台布提起来置胸前，双臂与肩平行，上身向左转体，下肢不动，并在右臂与身体回转时，台布斜着向主宾座位方向一次性撒开，就像撒渔网一样，将台布抛至前方时，上身转回并恢复正位站立。要求姿势优美、自然，一次成功。这种方法多用于餐厅场地宽大或进行技术考核、技能表演的情况下。

实训项目▶

1. 铺台布

作业项目	作业程序	说明/标准
准备	①领取足够数量的台布，仔细检查，其中有残缺、油污和皱褶的台布不能使用； ②将所需餐椅按就餐人数摆放于餐台的四周，呈三三两两的并列状； ③检查台面是否干净，桌架是否牢固，台布大小与台面是否适合； ④根据餐厅的装饰、布局确定席位。	①根据桌面大小选择相应的台布规格； ②根据接待对象的不同选择相应的台布颜色； ③铺台布前要检查，发现有破损、污迹、过旧、压褶多等问题要予以更换。

作业项目	作业程序	说明/标准
铺台布	①双手持台布,将台布抖开盖住台面,台布中心线正对正、副主人席位,鼓缝向上; ②调整台布,使四周垂直部分与地面的距离相等,并盖住台脚的大部分,台布自然下垂,到餐椅边最为合适,不能搭地; ③用多块台布拼铺圆台时,需保证台布鼓缝方向一致,下垂部分均等; ④拼铺处使用别针应在暗处或不显眼处; ⑤桌面台布平整,无皱褶凸起。	①正常情况下台布要经过熨烫,正面有3条凸缝和1条凹缝,熨烫的中缝呈"十"字; ②铺台布三道工序:抖台布→定位→整平; ③操作位置:副主人席位,餐厅服务员应站立在副主人餐椅处,距餐台40 cm,将选好的台布放于副主人席位处的餐台上; ④抛抖台布时用力得当、动作熟练。

2. 围台裙

图片来源:成都明悦大酒店

作业项目	作业程序	说明/标准
准备	①准备干净、无破损、无皱褶的台裙; ②准备完好无损的台裙扣。	台裙符合要求。
围台裙	①将台裙扣扣入台沿,每40~50 cm扣一个裙扣; ②双手持台裙将台裙扣依次挂在桌沿处的台布上; ③调整台裙,使四周下垂部分裙褶整齐。	①用两床台裙围桌子时,须保证台裙接头处之间无缝隙; ②台裙上沿边与桌沿要保证在一条直线上。

3. 准备口布花

图片来源:成都银杏酒店管理学院

作业项目	作业程序	说明/标准
准备	①根据宴会的人数,准备数量充足的干净、平整的口布; ②选择的口布要干净、熨烫平整、无破损,并根据用餐的具体情况选定口布	折口布花时要在干净的工作台或托盘上操作,并准备好辅助工具(筷子)。

作业项目	作业程序	说明/标准
准备	样式,要求既能点缀台面,方便宾客观赏使用,又不能遮住餐具和台上用品,且要方便服务员操作。	
口布花的花型设计	①根据宴会的性质、规格,宾主的身份、爱好、宗教信仰、风俗习惯,冷盘的花色造型,季节及工作时间是否充裕等方面来选择确定所叠花型; ②一般大型宴会可选用简单、挺括、美观的花型,但主桌的花型要与其他桌的花型区分开来,如主桌的折花可用10种不同的花型,其他桌可用统一的花型(但要突出"主花"),宴会的"主花",要选择美观而醒目的花型,以使主位更加突出; ③小型宴会的口布折花(杯花),要运用7种不同的手法,折叠出3种造型(动物类、植物类、实物造型类)、10种花,如折盘花,可选择统一的花型。	
口布花的拆叠手法	①推折:在光滑的盘子或干净的托盘背面叠口布,打折时,两个大拇指相对成一线,指面向外,指侧面按紧口布向前推折; ②折叠:将口布一折为二,二折为四或者折成三角形、长方形等其他形状; ③卷:卷的方法可分为直卷和螺旋卷两种,直卷时,口布两头一定要卷平,螺旋卷时,口布边要参差不齐,但不管直卷还是螺旋卷,口布都要卷紧; ④翻拉:操作时,左手拿口布,右手将下垂的口布翻成一只角,拉成花卉或鸟的头颈、翅膀、尾巴等,翻拉花卉的叶	①折花时,要姿态正确,手法灵活,用力得当,角度要算准,皱褶要均匀,力争一次折成; ②折花要正确使用叠、折(推)、卷、穿、翻、拉、捏7种方法; ③折花要简单美观,拆用方便,造型生动,形象逼真; ④操作时不用口咬口

23

作业项目	作业程序	说明/标准
口布花的拆叠手法	子时,要注意对称,即叶子大小一致、距离相等,拉鸟的翅膀、尾巴或头颈时,一定要拉挺,不要软折; ⑤捏:捏的方法主要用于鸟的头部,操作时,先将鸟的颈部拉好,然后用右手的大拇指、食指、中指3个手指,捏住鸟颈的顶端,食指向下,将口布一角顶端的尖角向里压下,用大拇指和中指将压下的角捏出尖嘴。	布,也不宜多说话,以防唾沫玷污口布; ⑤了解宾客对口布花的禁忌。
口布花的摆放	①"主花"要摆插在正、副主人席位上,借以突出主位; ②摆插口布花时,要将花形面对宾客席位,以便于欣赏; ③不同品种的花形同桌摆放时,要将品种形状相似、高低大小相近的花形错开并对称摆放,一般不宜将相同的花形摆在一起; ④口布花可分为杯花和盘花,放花入杯时,手指不能接触杯口; ⑤摆杯花时,要掌握插入杯中的口布花保持恰当深度,要慢慢顺势插入,不能乱插或硬塞,以防杯口破裂,摆盘花时要摆正摆稳,使之挺立不倒。	①"主花"与其他桌位的口布花应有所区别; ②不同花形应高低、大小搭配合理,错落有致,摆放距离要适当。

4. 准备中餐摆台用具

作业项目	作业程序	说明/标准
领取餐具	根据宴会订单所定宾客人数及菜单内容,领取相应数量和种类且干净无破损的骨质瓷餐具、光洁的镀金餐具、筷子和各种玻璃器皿。	在宴会订单所定人数的基础上,可多领取1~2套餐具以备临时增加人数。

作业项目	作业程序	说明/标准
摆放餐具	①将干净、光亮、无破损的餐具按不同种类整齐地摆放在大托盘里,最后置放在备餐台上; ②将各种玻璃器皿分类,整齐地摆放在备餐台上。	
准备其他用具	①准备相应数量干净、平整、无破损的口布和台布; ②准备好相应数量的火柴、牙签、菜单等; ③准备足够的服务托盘; ④准备干净、光亮、无破损的玻璃转盘; ⑤准备相应数量干净、无破损的台裙。	

5. 摆放中餐午晚餐餐具

作业项目	作业程序	说明/标准
摆放烟缸、火柴、鲜花	①4人圆桌的摆法方法:饰物摆放在圆桌中间,两个烟缸摆放在每两位之间餐位上方; ②8人圆桌的摆放方法:饰物摆放在转盘中间,4个烟缸成菱形摆放在餐位前、上方; ③正方桌的摆放方法:正方桌台布的中心线处正中摆花瓶,距花瓶右边5 cm处摆调味架,距花瓶左边5 cm处摆台号,花瓶、调味架、台号都居于中心线上,烟缸摆在正方桌的角上,与桌角的距离为5 cm。	
摆放骨碟	①碟与碟之间距离相等,碟距桌边1 cm; ②摆台从主位开始,站在椅子右边按顺时针方向进行;	①左手托盘,右手摆餐具,拿餐具时注意卫生; ②摆台动作要求快而

25

作业项目	作业程序	说明/标准
摆放骨碟	③正、副主人席位的骨碟应摆放在台布鼓缝线的中心位置。	不乱、步伐要稳。
摆放筷架、筷子	①筷架应放在骨碟右侧,筷子摆在筷架上,筷尖距筷架5 cm,筷底距桌边1 cm,若使用多用筷架和长柄匙,应将筷子、长柄匙置于筷架上,勺柄与骨碟相距3 cm,尾端离桌边1 cm; ②筷子配有筷套,筷子应与骨碟相距3 cm并与骨碟中心线平行,摆放配有筷套的筷子时要做到店徽向上,套口向下,筷套开口处或筷根部距圆桌边1 cm。	
摆放牙签	①小包装牙签,店标要正面朝上,摆放在筷子右侧1 cm处,牙签与骨碟中心在同一水平线上,牙签距桌边5 cm; ②牙签盅放在正、副主人筷子的右上方3 cm处。	
摆放杯具	①摆放茶杯:在筷子的右侧摆放茶杯,距筷子2 cm,距桌边1 cm; ②摆放酒具:葡萄酒杯杯柱应正对骨碟中心,葡萄酒杯底托边距骨碟3 cm,白酒杯摆放在葡萄酒杯的右侧,水杯摆放在葡萄酒杯左侧。	①三套杯的中心应横向成为一条直线,杯口与杯口距离1.5 cm,酒具的花纹要正对宾客; ②摆放时应将酒杯扣放于托盘内。
摆放汤碗、汤勺、味碟	①汤碗摆放在骨碟的左边,碗距离骨碟边1 cm,汤勺放进汤碗里,勺柄朝左侧; ②手拿味碟边缘部分,摆放在汤碗的右边,味碟距离汤碗边1 cm处与汤碗平行,距骨碟1.5 cm。	放置后10个汤勺的整体效果基本呈圆形。

作业项目	作业程序	说明/标准
摆放公用筷架、公用勺	①公用餐具摆放在正、副主人席位的正上方,公用碟碟边距葡萄酒杯底托2 cm,碟内分别横放公用勺和公用筷,公用勺在下,公用筷在上,公用勺、筷尾部向右,勺与筷中间间距1 cm,公用勺和公用筷中心点在台布中线上,筷子出骨碟部分两侧相等; ②10人以下用餐应摆放2套公用餐具,12人以上用餐应摆放4套,其中另外2套摆在台布的十字线两端,4套餐具摆放应呈"十"字形; ③当宾客人数较少,餐桌也较小时,只在正、副主人席位餐具前摆放公用筷架及公用勺即可。	餐具摆完后,注意检查餐具之间的距离。
摆放香巾托	香巾托应摆放在骨碟的左侧,距骨碟2 cm,桌边1 cm。	
摆放菜单、台号	①10人以下用餐应摆放2张菜单,摆放菜单的最佳位置应是分别位于正、副主人席位的左侧,平放时菜单底部距桌边1 cm,立放时菜单开口处分别朝向正、副主人; ②12人以上用餐应有4张菜单,并呈"十"字形摆放; ③举办大型宴会时应摆放台号,台号一般摆放在每张餐台的下首,朝向宴会厅的入口处,以便宾客进入餐厅即能看到。	

6. 中餐午晚餐摆台

作业项目	作业程序	说明/标准
准备餐具、用具	根据不同的要求进行餐台台形设计和布局,准备好摆台所需要的全部物品,包括台布、餐巾及各种餐具、鲜花、席位卡等。	
安排席位	①根据宾、主的身份、地位来安排座位; ②先确定主位,再按照"近高远低"的原则来确定其他宾客席位。	
铺台布	见前文。	
摆放转盘	①先将转轴摆放在餐台的正中央,再将转盘放置在转轴上; ②试转转盘,检验其是否旋转灵活。	转盘中心重合在台布中心,转盘边距离桌边均匀。
摆放餐具	①如果在圆桌上摆放餐具,主位应面向大门,每套餐具距离相等,且每套餐具间距离不得小于10 cm; ②如果在方桌上摆放餐具,方桌的每边上应各摆放一套,且每边上的餐具应与另一边上的餐具对齐。	
摆放餐椅	①椅边应恰好触及台布下垂部分; ②正、副主人席位摆好后,其他餐椅间距离应相等; ③餐椅距离桌边为10 cm。	台椅对齐,突出主位,其他餐位应对称。
整理检查	仔细检查每一件物品并进行整理。	确保餐台上餐具、用具完好、卫生,椅面卫生,台面整洁美观,餐具、用具摆放合理。

7. 中餐宴会摆台

图片来源：成都明悦大酒店

作业项目	作业程序	说明/标准
准备餐具、用具	准备好洁净、无破损的餐具、用具，包括台布、口布、骨碟、瓷勺、筷子、筷架、汤碗、汤勺、各种中式杯具、牙签盅、烟缸、转盘、分菜用大勺、火柴、菜单、名卡和鲜花等。	①餐具与用具要配套、齐全；②对餐具、用具进行仔细检查，要做到卫生洁净、无破损。
摆好餐椅	按宴会预定人数，摆好餐椅。	桌沿与椅垫沿在一条线上，且每把餐椅之间距离相等。
铺台布、摆放转盘	①把台布铺好，台布要洁净、平整、鼓缝向上，台布的中心线朝向正、副主人席位，且四周下垂部分与地面距离相等；②将转轴放在餐桌中央，再把转盘放在转轴上，转轴处于转盘的中心，试转转盘，检验其是否旋转灵活。	

作业项目	作业程序	说明/标准
摆台	①摆放金垫碟在餐桌上,与桌沿距离为1 cm,且居于餐椅的中心线,餐盘摆放在金垫碟上; ②川菜宴会台的摆法:汤勺放在汤碗里,勺柄向左摆放在金垫碟的左侧,间距为3 cm,且碗的上沿与餐盘的上沿在一条线上,金筷架在金垫碟的右侧,与汤碗、金垫碟在一条直线上,与金垫碟间距为1 cm,金勺在左,筷子在右,筷子摆在筷架上,金勺与筷子相平行,筷子与桌边的距离为1 cm; ③粤菜宴会台的摆法:汤勺放在汤碗里,勺柄向左与酱油碟平行摆在金垫碟上方,间距离为1 cm,汤碗在左,酱油碟在右,筷架位于金垫碟的右侧,与汤碗、酱油碟在一条直线上,与酱油碟间距为1 cm,金勺在左,筷子在右,筷子摆放在筷架上,金勺与筷子相平行,筷子与桌沿的距离为1 cm; ④川菜、粤菜搭配宴会台的摆法,与粤菜摆法一致; ⑤水杯、葡萄酒杯、白酒杯平行摆在金垫碟或汤碗与酱油碟上方,间距1 cm,水杯在左,葡萄酒杯在中,白酒杯在右,三杯间距为1 cm; ⑥牙签盅放在金勺与筷子中间,且牙签盅底部与金勺底部在同一条线上; ⑦烟缸摆在正、副主人席位右前方的45°角处,和翻译与陪同位置之间的正前方,火柴摆放在烟缸的右上沿,火柴盒面店徽向上,摆放匀称,磷面向里,不允许直对宾客;	①用鲜花或装饰物点缀宴会台; ②高档宴会摆台均用金餐具或银餐具提升宴会档次。

作业项目	作业程序	说明/标准
摆台	⑧将鲜花摆放在转盘的中心； ⑨川菜宴会的口布宜叠成杯花，粤菜、川菜搭配宴会的口布宜叠成盘花。	
摆放宴会菜单和姓名卡	①举办普通宴会时，将菜单摆放在正、副主人席位的左前方； ②举办VIP宴会时，按每人一份的标准把宴会菜单摆放在每套餐具的左侧，宾客姓名卡宴会时，摆放在红酒杯正前方。	菜单、姓名卡片要准确无误，洁净、无破损，摆放端正。
整理检查	仔细检查台面并进行整理。	台面要洁净、整齐，餐具和用具要齐全、摆放一致、无破损。

8. 西餐早餐自助餐摆台

图片来源：成都凯宾斯基饭店

作业项目	作业程序	说明/标准
准备餐具、用具	①将早餐餐桌上所需的一切用具，包括纸垫、口布、主刀、主叉、甜食勺、咖啡杯、咖啡碟、咖啡勺、面包盘、面包刀	各类餐具必须经过高温消毒，且要擦拭干净，做到光洁、无异

作业项目	作业程序	说明/标准
准备餐具、用具	分类整齐地放入服务托盘内； ②需要补充摆台时，主刀、主叉、面包刀及甜食勺须事先放在叠好的口布里，以加快服务速度。 ③用服务布巾按"先湿后干"顺序将台面擦干净，做到洁净、无异物、无水迹、无污迹。	物、无破损。
摆台	①将台面上的花瓶、糖盅、盐瓶、胡椒瓶、烟缸依次摆放好； ②将纸垫摆好； ③将口布、主刀、主叉依次摆放好。	①检查糖盅是否洁净、无污迹，各类袋糖是否准备齐全、摆放整齐； ②果酱、黄油及淡奶须分类码放，淡奶必须保证新鲜。
检查	检查餐台上各种用具是否齐全，餐具是否洁净、无破损，桌椅是否摆放整齐。	

9. 西餐午晚餐自助餐摆台

图片来源：成都明悦大酒店

作业项目	作业程序	说明/标准
准备餐具、用具	①准备各种摆台用具,包括台布、口布、烛台、花瓶、盐瓶、胡椒瓶、烟缸、主刀、主叉; ②用湿服务布巾将台面擦拭干净; ③铺上台布。	台布平整,中鼓缝向上,台布中心线与台面中心线重合,四周下垂部分与地面距离相等。
摆台	①在台布的中心线上分别摆放花瓶、糖盅、盐瓶、胡椒瓶、烟缸,花瓶位于台面正中,盐瓶在左,胡椒瓶在右; ②摆放口布时,将口布花撑开立放在主刀、主叉中间; ③摆放主刀、主叉、面包刀时,主刀应位于纸垫右侧,刀柄下端距桌边2 cm,刀口朝向左侧,主叉位于纸垫左侧,叉柄下端距桌边2 cm,面包刀摆放在面包盘上,靠右端,刀刃朝向左侧; ④餐椅边应距离台布1 cm,正对口布花摆放。	①烛台仅供晚餐摆台时使用; ②每一套餐具必须与桌面垂直; ③不能用手直接接触刀面、叉顶端。
检查	检查台面整体布置的效果,即摆放用具是否有遗漏、是否按标准摆放。	

10. 西餐午晚餐摆台

西餐分类较多,各个酒店也有其不同特点的摆台,但是摆台程序大致相同。摆台程序一般为:①底盘;②餐具;③酒水杯;④调料用具;⑤艺术摆设。

图片来源:成都天之府温德姆至尊豪廷大酒店

作业项目	作业程序	说明/标准
准备餐具、用具	①准备各种摆台餐具、用具,包括台布、口布、烛台、花瓶、盐瓶、胡椒瓶、烟缸、火柴、展示盘、面包盘、主刀、主叉、面包刀、红葡萄酒杯、白葡萄酒杯; ②检查台布是否洁净,用具有无破损; ③根据餐厅正门的位置确定出主位,主位朝向正门。	
铺台布	铺换干净、整洁的台布,台布的位置与正门相对,台布中心线与台面中心线重合,且四周下垂部分与地面距离相等。	

作业项目	作业程序	说明/标准
摆放烟缸、盐瓶、胡椒瓶、花瓶、烛台	①按照距离主位的远近，在台布的中心线上分别摆放烟缸、盐瓶、胡椒瓶、花瓶、烛台； ②花瓶位于台面正中，盐瓶在左，胡椒瓶在右，且与主位相对； ③火柴摆在烟缸的右上沿，店徽向上，摆放匀称，磷面向里不允许直对宾客。	烛台仅供晚餐摆台时使用。
摆放展示盘、面包盘、口布	①展示盘摆放于每个餐位的正中，盘边距桌边2 cm； ②面包盘摆放于展示盘左侧，与展示盘间距5 cm； ③口布摆放在展示盘内，右侧向远离宾客方向斜放45°。	展示盘和面包盘必须做到洁净、无水迹、无指印。
摆放主刀、主叉、面包刀	①主刀摆放于展示盘右侧，刀柄下端距桌边2 cm，朝向左侧； ②主叉摆放于展示盘的左侧，叉柄下端距桌边2 cm，凹面向上； ③面包刀摆放于面包盘上，靠右端，朝向左侧。	①每一套餐具必须与餐桌边沿垂直； ②餐具保持洁净，不能用手直接接触刀面、叉顶端。
摆放红、白葡萄酒杯	①红葡萄酒杯摆放于主刀上方2 cm处； ②白葡萄酒杯摆放于红葡萄酒杯右下方45°处，距红葡萄酒杯1 cm。	酒杯要保持洁净，做到无破损、无水迹、无指印、无异味。
检查	检查台面整体布置的效果，即摆放用具是否有遗漏、是否按标准摆放。	

11. 西餐宴会摆台

作业项目	作业程序	说明/标准
准备餐具、用具	①按宴会通知单准备摆台需要的各种餐具、用具，并保证餐具、用具有一定的周转量，主要包括台布、口布、小刀叉、汤勺、主刀、主叉、面包刀、甜食勺、咖啡杯、咖啡勺、咖啡碟、奶罐、糖盅、黄油碟、面包盘、盐瓶、胡椒瓶、水杯、红葡萄酒杯、白葡萄酒杯、烟缸、蜡烛台、菜盅、火柴和鲜花等； ②根据菜单备齐小件餐具，一般宴会小件餐具每位宾客至少准备3套，级别较高的宴会每位宾客需要准备5～6套。	①做到餐具洁净，不锈钢器皿清洁光亮、无污迹、无破损； ②台布、口布要干净，无破损、无褶皱； ③调味品不能缺货，盛放调味品的瓶盅表面要清洁。
铺台布	①站在长台中间的位置上，将台布打开，正面朝上，用大拇指和食指抓住台布靠近身体的一边，其余三指快速抓住台布其余部分，用力向对面抛出； ②如果有两块台布，单人铺设，先在餐台里端使用同上的方法铺设一块台布，再在餐台的外端铺设另一块台布，如果两人铺设，两人应分立于餐台的两边的1/2处铺设（两块台布则在1/4处）； ③应从餐厅里往外铺台布，让每张台布的接缝朝里，避免使其外露影响美观； ④台布的横向缝要与餐台长边垂直，台布下沿以正好接触到椅面为宜。	①长餐台往往由多个台布拼铺而成； ②铺台布一般由两人合作进行，因餐台较长，单人铺设容易将台布弄皱或弄脏，同时也不便操作； ③台布四周下垂部分与地面距离相等； ④台布中心线与台面中心线重合。

作业项目	作业程序	说明/标准
摆放餐盘	①从主位开始在每个席位正中摆放一个餐盘； ②盘子上端的花纹图案要摆正,盘与盘之间的距离要相等(视餐台的长度和餐位数量而定),盘边距桌边1.5～2 cm。	使用托盘,宜用右手操作。
摆放刀叉	①摆放时应先刀后叉,在餐盘的右侧,从左向右(由内向外)依次为热菜刀、鱼刀、汤勺、冷菜(开胃品)刀；刀刃一律朝向餐盘,刀柄距桌边1.5～2 cm； ②在餐盘的左侧,从右向左(由内向外)依次为热菜叉、鱼叉、冷菜叉,叉齿一律向上,叉柄距桌边1.5～2 cm； ③若宴会菜肴较多,则在用过桌上刀叉后每菜追加一副刀叉。	有些酒店将鱼刀位置突出于其他餐具1.5 cm。
摆放水果刀、水果叉	①在餐盘正上方横放水果刀,刀柄向右,刀刃向餐盘； ②水果叉(或甜品叉)叉齿向右,叉柄向左,与水果刀平行摆放。	
摆放点心勺	点心勺应与水果刀平行横放于餐盘正上方,勺柄向右。	
摆放面包盘	席位左侧,在餐叉外面摆放面包盘,面包盘中心与餐盘中心取齐,盘边距餐叉1.5～2 cm。	
摆放黄油刀	黄油刀应摆放于面包盘上靠右侧边沿处,刀刃向面包盘盘心。	黄油刀也可横置于面包盘靠上方边沿处,刀刃向下,朝向面包盘盘心。
摆放黄油碟	在面包盘的右上方摆黄油碟,距面包盘1.5～2 cm。	

作业项目	作业程序	说明/标准
摆放杯具	①杯具一律摆在餐刀上方位置,在餐刀上方3 cm处从最高的水杯摆起,从左到右(由内向外)依次降低; ②三套杯从左到右分别是水杯、红葡萄酒杯、白葡萄酒杯,间距为1 cm,与台面呈45°角; ③四套杯则在三套杯的基础上,将白葡萄酒杯向下移1~2 cm,在其上放置香槟酒杯,使四个酒杯呈菱形图案,各酒杯杯身之间相距1~1.5 cm,以宾客能伸手指取杯为度,或者按一条直线以水杯、红葡萄酒杯、香槟酒杯、白葡萄酒杯的顺序排列。	①摆酒杯时,只能用手握酒杯的杯颈摆放,禁止拿杯口或将手指伸入杯内污染酒具; ②在摆台时,要边摆边检查餐具、用具,发现不洁净或有破损的要马上更换。
摆放口布花	要突出主位,将叠好的盘花摆在餐盘正中,注意把不同样式、不同高度的口布花搭配摆放。	西餐宴会很少用杯花。
摆放烟缸	①从主位的餐具右侧摆起,每两人之间放一个,烟缸的上端要与杯具平行; ②宴请项目中如有香烟,则将香烟盒正面朝上置于烟缸右侧(或者将烟缸放置在餐台中心线上)。	
摆放调味架、牙签盅	调味架和牙签盅应按4人使用一套的标准摆放在餐台中线位置上(6人用餐则用2套)。	
摆放花丛或插花、花瓶	①如果餐台是圆台,一般使用一个花瓶,如果餐台是长台,则用一个至数个花瓶; ②如果只用一个花瓶,则将花瓶置于台心位置,如果使用数个花瓶,则将花瓶等距摆在长台中线上。	鲜花高度不要高过宾客眼睛位置,以免妨碍其视线。

作业项目	作业程序	说明/标准
摆放菜单	①用餐人数较少时,可每个席位摆放一份菜单; ②用餐人数较多时,可两个席位摆放一份菜单,间隔摆放,每桌不得少于两份。	
摆放餐椅	餐椅应正对餐位,餐椅边与下垂台布相距1 cm,餐椅成直线排开,餐椅间距要相等。	如果有大型宴会长台,靠墙一侧餐椅须留出宾客出入通道。
检查	对台面进行全面检查,做到台面干净整齐,餐具、用具齐全,摆放一致,桌椅稳固,餐位数量符合订单要求。	摆台结束要进行全面检查,仔细观察是否有漏项或错摆,如发现问题,应及时纠正,弥补不足。

12. 台裙、转盘、餐桌的存放

作业项目	作业程序	说明/标准
收集、送洗台裙	①将使用后的台裙从餐桌上取下,并将其整齐地折叠起来放入布草车,送至洗衣房进行清洗; ②餐厅服务员和洗衣房工作人员交接时应在《布草送洗单》上签字确认。	
存放洗净的台裙	①将已洗净的台裙提住腰处放进备餐柜,围裙扣要集中收存; ②用台裙架上的夹子夹住台裙腰,使裙垂直,保持平整。	如台裙上有污迹,需再次送洗以确保清洁干净。
擦拭、运送转盘	①在用后的转盘喷上玻璃清洁剂,然后用抹布擦拭干净,不得有任何痕迹; ②用双手抬动玻璃转盘、转轴至存放间。	

作业项目	作业程序	说明/标准
存放转盘	①将玻璃转盘整齐地放在转盘存架车上; ②用干净的台布将转盘、转轴盖住,防止弄脏。	
收集餐桌	将用过的餐桌用抹布擦拭干净后,把餐桌竖立并将桌腿收起。	
运送餐桌	①运送长方台时,需两人双手将长台提起,不得在地毯上拖运; ②运送圆台时,将圆台竖起,用双手推台面,滚动运送; ③运送特大和特殊台面时,需多人合力运送。	
存放餐桌	①将餐桌分类,方向一致,整齐地码放在一起; ②长方台可两张面对面叠放在一起; ③圆台须面对面靠在一起,以免桌腿划伤台面。	

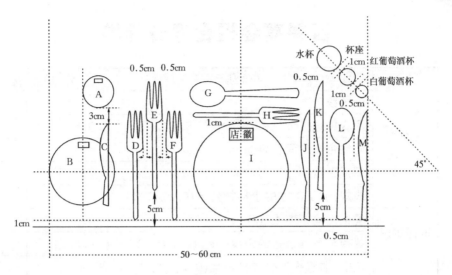

图 3-1 西餐宴会摆台平面示意图

说明：A：黄油碟；B：面包盘；C：黄油刀；D：开胃品叉；E：鱼叉；F：主菜叉；G：甜品勺；H：甜品叉；I：餐盘；J：主餐刀；K：鱼刀；L：汤勺；M：开胃品刀

图 3-2 西餐宴会附加用品摆放示意图

说明：A：花瓶或花座；B：烛台；C：牙签盅；D：盐瓶；E：胡椒瓶；F：烟缸；G：座位

西餐宴会摆台评分标准

项目	评分细节	细节分	扣分	得分
铺台布 3.8分	中鼓线对齐	1		
	四次整理成形(每超过1次扣0.1分)	0.8		
	两块台布中间重叠5 cm	1		
	四周下垂部分均匀对称	1		
	违规:非正常性的手接触台布(0.1分/次)			
拉椅定位 1.6分	餐椅之间距离相等(0.1分/个)	0.8		
	餐椅与下垂台布的距离1 cm(0.1分/个)	0.8		
	违规:非双手端椅或椅拖地(0.1分/次)			
展示盘 4分	位置距离桌边1 cm(0.25分/个)	2		
	店徽方向一致(0.25分/个)	2		
	违规:非双手拿瓷器边缘(0.25分/次)			
刀叉勺 14.4分	摆放位置由里向外(见图3-1)(0.1分/件)	7.2		
	摆放位置(见图3-1)(0.1分/件)	7.2		
	违规:手非拿餐具下部(0.1分/次)			
面包盘、刀、黄油碟 4.8分	摆放顺序(面包盘、刀、黄油碟)(0.1分/件)	2.4		
	摆放位置(见图3-1)(0.1分/件)	2.4		
	违规:手非拿瓷器或餐具下部(0.1分/次)			
酒杯、水杯 14.4分	摆放顺序(白葡萄酒杯、红葡萄酒杯、水杯)(0.2分/件)	4.8		
	位置准确(距离、角度见图3-1)(0.2分件)	4.8		
	手持杯柄(0.2分/件)	4.8		
	违规:发出碰撞声(0.2分/次)			
口布花 6分	造形美观、大小一致(0.5分/个)	4		
	在盘中位置一致,左右成线	2		
	违规:操作不卫生(0.5分/次)			

项目	评分细节	细节分	扣分	得分
蜡烛台 3分	位置压中鼓线(0.5分/个)	1		
	与花瓶位置相距20 cm(0.5分/个)	1		
	二个烛台方向一致(0.5分/个)	1		
牙签盅 2分	位置准确(与烛台相距10 cm)(1分/个)	2		
盐瓶、胡椒瓶 2分	位置准确(见图3-2)(1分/套)	2		
烟缸、火柴 3分	烟缸压中线(2个烟缸)(0.25分/个)	0.5		
	两个烟缸方向一致	0.5		
	与盐瓶、胡椒瓶距离相等(见图3-2)(0.5分/个)	1		
	火柴在烟缸上方外侧(0.5分/个)	1		
斟酒 10分	酒瓶商标朝向宾客方向(1分/次)	4		
	斟酒的顺序(白、红)(0.25分/次)	2		
	酒量的控制(2/3、1/2)(0.25分/杯)	4		
	违规:滴酒(1分/滴,3分/滩)			
	违规:酒瓶过宾客头(0.2分/次)			
托盘1分	姿势优美,动作平稳、协调	1		
台面设计与总体印象(10分)	颜色搭配合理、设计新颖	4		
	整体美观,具有强烈艺术美感	4		
	操作规范、娴熟、敏捷,动作优美	2		
时间 (15分钟)	每提前30秒加1分,每超过30秒扣1分			
失误	餐具每落地或忘1件扣5分,每碰倒1个水杯或酒杯扣1分			
总分:	80分－扣分＋提前分(－超时分)			

第三节
酒水服务 ▶

图片来源:成都银杏酒店管理学院

基础知识 ▶

　　酒水服务是餐厅服务员的重要工作内容之一。餐厅服务员给顾客斟倒酒水时,动作优美、迅速,操作规范,会给宾客留下深刻美好的印象。在宴会服务中,服务员凭借丰富的业务知识,以娴熟的斟酒技术为宾客服务,不但会使宾客得到精神上的享受与满足,而且可以使宴会气氛更加热烈友好。

实训项目 ▶

图片来源:成都天之府温德姆至尊豪廷大酒店

1. 酒水推销和服务

作业项目	作业程序	说明/标准
酒水的准备	吧员在开餐前,要保证酒水单上的饮品均能供应。	
酒水知识	①服务员和吧员能够熟练地掌握饮品的名称、产地、原料、口味以及酒的度数等知识,服务员通过观察,预计宾客心理需求,并通过预计而间接知道宾客的消费水准; ②服务员推销饮品时应采取以高档酒水往低档酒水的方式进行推销。	了解一般宾客对饮品的喜好,如儿童偏爱甜的食品,老年宾客和身体偏胖的宾客偏爱口味淡的饮品,女士偏爱甜酸饮品等,以便进行有效地推销。

作业项目	作业程序	说明/标准
酒水的推销	①服务员将酒水车推到宾客的右后侧,用右手指示,礼貌详细地介绍酒水车上所摆放的酒水,并说:"先生/女士,您喜欢什么样的饮品?"按照"先宾后主、女士优先"的原则,依次询问每一位宾客。 ②服务员可根据点菜单上宾客所点菜品,为宾客推荐酒水。 ③服务员推销及建议酒水的时候,应该使用礼貌用语,不能强迫宾客接受。	①如果宾客一时难以决定需要哪种酒水,服务员应主动向宾客介绍酒水的特点; ②注意酒水适合于宾客的国籍、民族和性别。
酒水的服务	①宾客确定所订的酒水后,服务员即从酒水车上取下酒水,按照"先宾后主、女士优先"的原则,依次在宾客右侧斟倒酒水,同时说:"先生/女士,这是您的×××。" ②酒水要斟至酒杯八分满,斟完后将酒水瓶放在服务柜上。 ③斟倒酒水的速度不宜过快,避免可乐、啤酒等含气体的酒水溢出泡沫,如果含气体的酒水被碰撞或摇动,应重新更换一瓶,避免气体开启时溢出。 ④含果肉的饮料,斟倒前需要摇动一下,使汁、肉均匀地到在杯内。	服务员对同一桌宾客要在同一时间内按照顺序提供饮料服务。
宾客酒水的添加	①如果宾客杯中仅剩余1/3酒水时,立即询问宾客是否需要再添加; ②将斟完的饮料瓶、酒瓶摆放在服务柜上。	随时观察宾客的酒杯,及时为宾客斟倒酒水。
酒水车酒水的添加	①随时添加酒水车上的酒水,以保证酒水充足; ②将酒水车在餐厅内来回推动,随时满足宾客需要。	

2. 啤酒服务

作业项目	作业程序	说明/标准
啤酒的推销及建议	熟练掌握各种啤酒的知识,向宾客介绍本餐厅提供的各种啤酒及其特点。	为宾客订单,到酒吧取回啤酒的时间,不得超过5分钟。
啤酒的服务	①用托盘拿回啤酒,根据"先宾后主、女士优先"的原则为宾客服务啤酒; ②提供啤酒服务时,服务员应站在宾客右侧,拿起宾客所点啤酒,身体侧站,面对宾客右侧,将啤酒轻轻倒入杯中; ③倒啤酒时应瓶口抵在一侧杯壁上,使啤酒沿杯壁慢慢滑入杯中,以减少酒沫; ④啤酒应倒八分满,泡沫满杯口,不得溢出杯外; ⑤如瓶中啤酒未倒完,应把酒瓶放在备餐台上,以备为宾客添加。	①倒酒时,酒的商标朝向宾客; ②如果宾客提出碳酸饮料与啤酒同饮,应先斟饮料后斟啤酒。
啤酒的添加	①适时为宾客添加啤酒,添酒时应站立于宾客右侧,手持酒瓶示意宾客添酒或轻声询问宾客是否需要添酒,待宾客同意后再斟; ②当喝酒快的宾客杯内剩1/2的啤酒时,应及时添加; ③当宾客啤酒仅剩1/3时,主动询问宾客是否需要再添加一瓶啤酒; ④及时将空酒瓶撤下台面。	①服务员应随时观察宾客的台面,及时为宾客添加啤酒; ②同桌宾客应在同一时段添酒。

3. 白酒服务

作业项目	作业程序	说明/标准
白酒的准备	①用餐宾客点完白酒以后,服务员立即为宾客准备白酒; ②准备一块叠成12 cm见方的干净口布; ③准备与宾客人数相符合的白酒杯。	白酒杯应洁净、无破损。
白酒的展示	在左手掌心置放叠成12 cm见方的干净口布,将白酒瓶底放在口布上,右手扶住酒瓶上端,并呈45°倾斜,商标向上,为宾客展示白酒。	
白酒的服务	①征得宾客同意后,在宾客面前打开白酒; ②服务时,左手持方形口布,右手持白酒,按照"先宾后主、女士优先"的原则从宾客右侧依次为宾客倒酒,白酒倒入酒杯的八分满即可,不宜过多或过少; ③倒完一杯白酒时,轻轻转动瓶口,避免白酒滴在台布或宾客的身上,再用左手中的口布擦一下瓶口。	
白酒的添加	①服务员应观察用餐宾客的台面,随时为宾客加酒; ②当整瓶酒将要倒完时,服务员应主动询问主人是否再加一瓶,如果主人同意再加一瓶,服务程序按前文中要求执行; ③如果主人不再加酒,服务员应观察宾客饮用情况,待其喝完酒后,及时将空酒杯撤掉。	

4. 黄酒服务

作业项目	作业程序	说明/标准
黄酒的准备	①宾客在酒水单上点完所需要的黄酒后,服务员应立即为宾客准备与人数相符合的酒杯; ②将冰桶放在冰桶架上,并在冰桶上横放一条叠好的口布,内装占冰桶容积1/3的开水。	
黄酒的展示及加热	①在左手掌心置放口布,将黄酒瓶底放在口布上,右手扶住酒瓶上端,并呈45°倾斜,商标向上,为宾客展示黄酒,然后告诉宾客黄酒需要加热的时间,请宾客等候; ②将黄酒放入冰桶内加热约2~3分钟即可; ③将酒杯放在宾客筷子的右上方。	
黄酒的服务	①将冰桶架拿到主人座位的右侧,当黄酒加热至35℃左右时,开始为宾客倒酒; ②为宾客倒酒时,左手拿口布,右手从冰桶中拿出黄酒,然后用口布横向包住酒瓶的2/3处,同时,用口布将瓶底擦干净,按照"先宾后主、女士优先"的原则依次从宾客右侧为宾客倒酒,酒倒八分满即可; ③倒完一杯黄酒时,轻轻转动瓶口,避免黄酒滴在台布或宾客身上,再用左手中的口布擦一下瓶口; ④在为宾客提供黄酒服务时,应询问宾客是否需要在酒中加少许杨梅,如果宾客需要,将装杨梅的小底碟放入托	

作业项目	作业程序	说明/标准
黄酒的服务	盘中,左手托托盘,右手用夹子夹起杨梅,根据宾客需要放入酒杯中。	
黄酒的添加	①适时为宾客添加黄酒; ②随时更换热水,以保持黄酒的温度; ③当宾客酒只剩1/3时,询问宾客是否再添酒,如果宾客同意,即为宾客倒酒; ④如果主人不再加酒,服务员应观察其他宾客饮用情况,待其喝完酒后,及时将空酒杯撤掉。	服务员应随时观察宾客的台面,及时为宾客添加黄酒。

5. 红葡萄酒服务

图片来源:成都天之府温德姆至尊豪廷大酒店

作业项目	作业程序	说明/标准
红葡萄酒的准备	①用餐宾客点完酒后,服务员应立即为宾客准备; ②服务员应准备红酒篮,将一块干净的口布铺在红酒篮中,再把红葡萄酒放	注意保持商标的洁净、银器酒篮的光亮。

作业项目	作业程序	说明/标准
红葡萄酒的准备	入红酒篮,商标应向上,以让宾客看清; ③在宾客的水杯右侧摆放红葡萄酒杯,如宾客同时订白葡萄酒,酒杯摆放按水杯、红葡萄酒杯、白葡萄酒杯的顺序摆放,间距均为1 cm。	
红葡萄酒的展示	①服务员右手拿起装有红葡萄酒的酒篮,走到主人座位的右侧; ②服务员右手拿酒篮上端,左手轻托住酒篮的底部,呈45°倾斜,商标向上,请主人看清酒的商标,并询问宾客:"先生/女士,我现在可以为您服务红葡萄酒吗?"	英文表达:Excuse me, Sir/Madam, may I serve you wine now?
红葡萄酒的开启	①将红葡萄酒立于酒篮中,左手托住酒瓶,右手用开酒刀割开铅封,并用一块干净的口布将瓶口擦干净; ②将酒钻垂直钻入木塞,注意不要旋转或摆动酒瓶,待酒钻完全钻入木塞后,利用开瓶器打开酒瓶,用力不得过猛,以防酒塞断裂; ③把拔出的酒塞放在小味碟中,放在主人葡萄酒杯的右侧,间距1~2 cm,如有多位宾客在场,则放在主宾右侧,以提示宾客确认酒质。	①用酒钻上附带的小刀割开瓶颈上方外凸的铅封,这样在倒酒时,可避免酒接触到铅封; ②如果酒钻不够深入酒塞,在拔出瓶塞的时候,可能弄断瓶塞,如果刺穿了瓶塞,瓶塞屑会掉进酒里。
醒酒服务	①询问宾客,在提供红葡萄酒服务前,是否需要给红葡萄酒醒酒; ②如果宾客同意,将酒打开,但不先倒酒。	优质的红酒与空气接触后能将酒的香味完全释放出来。

作业项目	作业程序	说明/标准
品酒服务	①服务员将打开的红葡萄酒放回酒篮，商标向上，同时用右手拿起酒篮，从主人右侧倒入主人杯中1/5红葡萄酒，请宾客品评酒质； ②允许宾客闻或尝葡萄酒，征求宾客意见，是否可以立即斟酒； ③如果宾客对酒不满意，应向宾客道歉，立刻将酒撤走，并联系经理说明情况。	
斟酒服务	①主人认可后，开始按照"先宾后主、女士优先"的原则，依次为宾客倒酒，倒酒时应站在宾客的右侧，酒倒四分满即可； ②斟完一杯红葡萄酒时，需把酒瓶按顺时针方向轻转一下，避免酒滴在桌布或宾客身上； ③为所有的宾客斟完酒后，把酒瓶连同酒篮一起轻放置点酒的宾客的桌上或桌旁最近的边柜上，瓶口不可指向宾客。	①酒的商标朝向宾客； ②服务过程中动作要轻，避免酒中的沉淀物浮起，影响酒质量，如沉淀物已浮起，应停止斟酒，将酒瓶立起静置候用或过滤后使用，并应及时向宾客说明情况。
红葡萄酒的添加	①当酒瓶中的酒剩下一杯的酒量时，须及时询问宾客是否准备另外一瓶酒，如宾客不再添酒，即观察宾客饮用情况，待其喝完酒后，立即撤掉空酒杯； ②如宾客同意再要一瓶，则按上述程序进行开启和斟酒服务。	服务员应随时观察宾客的台面，及时为宾客添加红葡萄酒。

6. 白葡萄酒服务

作业项目	作业程序	说明/标准
白葡萄酒的准备	①服务员在酒水单上单列宾客所点的白葡萄酒,并立即为宾客进行准备; ②在冰桶内放入占容积1/3的冰块,另加水至冰桶1/2处,将冰桶放在冰桶架上,并把叠成条状的口布搭在冰桶上,最后将白葡萄酒斜放入冰桶中,且商标朝上; ③在宾客水杯的右侧摆放酒杯,间距1 cm。	①酒瓶应洁净、无破损,商标完好; ②把酒连同冰桶和冰桶架放到宾客桌旁以免占用正常工作的位置。
白葡萄酒的展示	①将准备好的冰桶架、冰桶、白葡萄酒、口布条拿到主宾座位的右后侧; ②左手持口布,右手持白葡萄酒瓶,将酒瓶底部放在条状口布的中间部位,再将条状口布两端拉起至酒瓶商标以上部分,并使商标全部露出; ③右手持用口布包好的酒,左手四指尖托住酒瓶底部,送至主宾面前,请主宾看清酒的商标,并询问主宾:"先生/女士,我现在可以服务为您服务白葡萄酒吗?"	
白葡萄酒的开启	①得到宾客允许后,将酒放回冰桶中,左手扶住酒瓶,右手用开酒刀割开铅封,并用一块干净的小毛巾将瓶口擦干净; ②将酒钻垂直钻入木塞后,注意不要转动或摆动酒瓶,待酒钻完全钻入木塞后,用开酒器的压杆顶住瓶口,右手持开酒器往上拔,将木塞拔出; ③把拔出的酒塞放入小味碟中,放在主宾白葡萄酒的右侧,间距1~2 cm,	把酒钻慢慢钻入酒塞内,轻轻将酒塞拔出,用力不得过猛,以防酒塞断裂。

作业项目	作业程序	说明/标准
白葡萄酒的开启	以提示主宾评判酒的存储情况,确认酒质。	
品酒服务	①服务员右手持用条状口布包好的酒,商标朝向主宾,站在主宾的右侧倒入主宾杯中1/5的酒,请主宾品评酒质; ②主宾品过酒后,服务员征求意见,确认是否可以立即斟酒。	
斟酒服务	①主宾认可后,按照"先宾后主、女士优先"的原则,为宾客倒酒,倒酒时站在宾客的右侧,酒以倒至酒杯的1/3处为宜,并确保酒应有的冰冷度; ②倒酒时,左手腕搭一条口布,斟完一杯白葡萄酒时,需轻轻转动一下酒瓶,避免酒滴在台布或宾客身上,再用左手中的口布擦一下瓶口; ③为所有的宾客斟完酒后,把酒放回冰桶里,且商标向上。	
白葡萄酒的添加	①当酒瓶中的酒剩下一杯的酒量时,询问宾客是否再加一瓶,如主宾示意不再加酒,则观察其他宾客饮用情况,待其喝完后,将空杯撤掉; ②如主宾同意再加一瓶,按照上述程序提供服务。	应随时观察台面,为宾客添加白葡萄酒。

7. 香槟酒服务

作业项目	作业程序	说明/标准
香槟酒的准备	①准备好冰桶; ②把酒从酒吧桶中取出,擦拭干净,放入冰桶; ③把酒连同冰桶和冰桶架放到宾客桌旁以免占用正常工作的位置。	

作业项目	作业程序	说明/标准
香槟酒的开启	①把酒从冰桶中取出向订酒的宾客展示,宾客确认后放回冰桶; ②用酒刀将瓶口处的锡纸割开去除,左手握住瓶颈,同时用拇指压住瓶塞,右手将扎瓶塞的铁丝拧开,取下; ③用干净口布包住瓶塞顶部,左手依旧握住瓶颈,右手握住瓶塞,双手同时反方向转动并缓缓地向上提瓶塞,直至瓶内气体将瓶塞完全顶出; ④开瓶时动作不易过猛,以免发出过大的声音而影响宾客。	开启香槟酒时注意安全,瓶口应对向无人区域,以防瓶塞飞出伤人。
品酒服务	①用口布将瓶口和瓶身上的水迹擦拭掉,将瓶口用口布包住; ②用右手拇指抠住瓶底,其余四指分开,拖住瓶身; ③向主人杯中注入酒杯容量的1/5,交由主人品尝; ④主人品过酒后,服务员征求意见,以确定是否可以立即斟酒。	
斟酒服务	①斟酒时,服务员用右手握瓶,按照"女士优先,先宾后主"的原则,从宾客右侧按顺时针方向服务; ②斟酒量为酒杯容量的2/3; ③每斟一杯酒最好分两次完成,以免杯中泡沫溢出,斟完一杯香槟酒时,需按顺时针方向轻转一下瓶口,避免酒滴在台布或宾客的身上; ④为所有的宾客斟完酒后,把酒瓶轻轻放回冰桶内; ⑤酒瓶中的酒剩下一杯的酒量时,需及时询问宾客,是否准备另外一瓶酒。	①酒的商标朝向宾客; ②服务过程中动作要轻缓,避免酒中的沉淀物浮起,影响酒质量。

第四节
点菜、上菜与分菜

图片来源:成都银杏酒店管理学院

基础知识

点菜服务基本程序:

(1)点菜的基本程序从形式上看比较简单,包括:递送菜单→等候接受点菜→点菜点酒→提供建议→记录菜名和酒水→复述确认→礼貌致谢。

(2)点菜顺序一般为:凉菜→热菜→煲类→汤→主食(→酒水)。

记录点菜的注意事项:

(1)服务员应注意仔细听取宾客的点菜。

(2)服务员用缩写式记录点菜。

(3)服务员在确信点菜已经记录之前不得离开餐桌。

(4)服务员如有疑问应再度询问清楚,以免遗漏或错记。

（5）服务员注意记清每位宾客点的菜，每道菜要求烹制的程序、用何种原料及其配菜等。

（6）服务员应记住各种菜、汤的烹调时间。

（7）服务员回答宾客询问时要音量适中、语气亲切。

（8）服务员不可将点菜单放在餐桌上填写。

上菜服务操作要求：

（1）上菜时应用右手操作，并用"对不起，打扰一下"提醒宾客注意，将菜放到转台上（放菜时要轻）并顺时针转动转台，将所上的菜，转至主宾面前，退后一步，报菜名"×××，请品尝"，并伸手示意，要声音宏亮，委婉动听，上每道菜时都要报菜名，视情况作适当介绍。

（2）上菜要掌握好时机，当宾客正在讲话或正在互相敬酒时，应稍微等候，待宾客讲完话后再行上菜，以免打扰宾客的进餐气氛，上菜、撤菜时不能越过宾客头顶。

（3）在上菜过程中如需上新菜而转盘无空间时，应巡视台面情况，发现剩余较少的菜品时，可征询宾客的意见："先生（小姐），这菜可以给您换一个小盘吗？"发现同类菜品时，可征询宾客的意见："这菜可以给您合盘吗？"发现已所剩无几的菜品时，可征询宾客的意见："这菜可以给您撤掉吗？"宾客同意后说谢谢。发现已经凉了的菜品时，可征询宾客的意见："这菜需要给您加热一下吗？"

（4）上特色菜时，应用礼貌用语："各位来宾，这是特色菜×××，请您品尝并多提宝贵意见"，此间视情况对特色菜品给予适当介绍。

（5）菜上齐后应用礼貌用语："您的菜已经上齐了。"

（6）上菜要注意核对台号、品名，避免上错菜；上菜的过程中要不推、不拉、不擦、不压盘子，随时撤去空菜盘，保持餐桌清洁、美观。

上菜服务注意事项：

（1）先上调味品，再将菜端上；每上一道新菜都要转至主宾前面，以示尊重。

（2）上整鸡、整鸭、整鱼时，应注意"鸡不献头，鸭不献掌，鱼不献脊"，并要主动为宾客用刀划开、剔骨。

（3）上菜前注意观察菜肴色泽、新鲜程度，注意有无异常气味，检查菜肴有无灰尘、飞虫等不洁之物；在检查菜肴卫生时，严禁用手翻动或用嘴吹除，必须翻动时，要用消过毒的器具；对卫生达不到质量要求的菜应及时退回厨房。

分菜服务注意事项：

（1）分菜前先将菜端上桌示菜并报菜名，用礼貌用语："请稍等，我来分一下这道菜"，然后再进行分派。

（2）用叉勺分菜时，左手托菜盘（菜盘下垫口布），右手拿分菜用的叉勺，从主宾右侧开始，按顺时针方向绕台进行，动作姿势为右腿在前，上身微前倾，分菜时做到一勺准，不允许将一勺菜或汤分给两位宾客，数量要均匀，可将菜剩余1/5再装小盘然后放桌上，以示富余。

（3）分汤及一些难分派的菜时，可用旁桌分菜法，即在工作台上摆好相应的餐具，将菜或汤用分菜用具（叉、勺）进行均匀分派；菜分好后，从主宾右侧开始按顺时针方向将餐盘送上，并用礼貌用语"您请用"，注意要将菜的剩余部分，换装小盘再上桌。

（4）用转台分菜时，提前将与宾客数相等的餐碟有序地摆放在转台上，并将分菜用具放在相应位置；用长柄勺、筷子或叉、勺分菜，全部分完后，将分菜用具放在空盘里，迅速撤身，从主宾右侧开始，按顺时针方向绕台进行，在撤下前一道菜的餐碟后，从转盘上取菜端给宾客；最后，将空盘和分菜用具一同撤下。

（5）服务员分菜时要注意手法卫生、动作利索、分量均匀、跟上佐料；服务员在保证分菜质量的前提下，要以最快的速度完成分菜工作；分菜时，一叉一勺要干净利索，切不可在分完最后一位时，菜已冰凉；带佐料的菜，分菜时要跟上佐料，并略加说明。

实训项目 ▶

1. 菜单服务

作业项目	作业程序	说明/标准
餐前检查菜单	迎宾员在开餐前认真检查菜单，保持菜单干净、整洁、无破损，并在菜单的第一页配有厨师长特荐菜单。	菜单应干净、整洁、无破损。
为宾客传送菜单	①当宾客入座后，迎宾员打开菜单的第1页，左手持菜单的下端，右手拿菜单的上端，按照"先宾后主、女士优先"的原则，依次将菜单送至宾客手中，同时有礼貌地说："先生/女士，请看菜单。" ②餐桌上放有每日特荐菜，服务员应主动向宾客介绍特荐菜的特点。	

作业项目	作业程序	说明/标准
收回菜单	宾客点餐完毕后,服务员把菜单整齐地放在服务柜上,由迎宾员在适当的时间将菜单收回,以备下次使用。	

2. 中餐点菜服务

作业项目	作业程序	说明/标准
询问宾客	服务员为宾客服务完茶水后,主动走到宾客餐桌前,站在宾客的右侧,询问宾客是否可以点菜:"先生/女士,现在能为您点菜吗?"	
推荐菜品	①为宾客介绍菜单以及菜品的特点,让宾客了解菜品的主、配料味道及制作方法; ②向宾客介绍本餐厅的特色菜; ③向宾客推荐菜的顺序为:凉菜→热菜→汤→小吃(甜品)→水果; ④向宾客提出合理化建议,并考虑菜量大小、荤素菜搭配、味别搭配、小吃搭配。	①在为宾客点单前,应留有时间让宾客翻看菜单,此时应站在宾客的前侧面,距离1～2米远,不要让宾客感觉有被催促的意思; ②主动根据宾客的心理需求,尽力向宾客推荐本餐厅时令菜、特色菜、名菜和畅销菜,当好参谋。
填写点菜单	①应站在宾客普遍半步距离的地方,身体微微向前倾斜,眼睛注视宾客,听清宾客所点菜名,适时帮助宾客选择食品和主动推荐介绍食品; ②在点菜单上写清楚服务员姓名、宾客人数、台号、日期、送单时间以及宾客的特殊要求; ③点菜单填写顺序为:凉菜→热菜→汤→小吃(甜品)→水果等;	①特殊食品应介绍其特殊之处,并问清宾客所需火候、配料及调料; ②若宾客有特殊要求,应在点菜单上注明清楚,并告之传菜服务员引起重视。

作业项目	作业程序	说明/标准
填写点菜单	④将宾客所点菜品整齐、准确地写在点菜单上,字迹要清楚,一式四联; ⑤填写点菜单时,将点菜单放在点菜夹上,右手持笔,站直身体。	
复述点菜单	①待宾客点完菜,应清楚地重复一遍宾客所点菜肴内容,待宾客确认后说:"谢谢,请您稍等。" ②询问宾客如何结账,是在一起结账还是分单。 ③复述完毕,在点菜单的右上角写明最后订单的时间,以便查询。 ④收回菜单并向宾客致谢,同时请宾客稍等,说明大致的等候时间。	①复述宾客所点菜品的内容,以获得宾客确认; ②适时把菜单送回迎宾台。
送出点菜单	①将宾客的菜谱收回,整齐地放在服务柜上; ②迅速将点菜单拿到收银处,由收银员盖章,红联留收银处,白联自留,其余两联送入传菜部。	

3. 西餐点菜服务

作业项目	作业程序	说明/标准
准备	①向厨房了解每道菜品的原料是否充足; ②掌握基本菜单知识,熟悉餐厅提供菜肴的风味特点和特点菜肴或厨师特选,了解菜肴的原料及产地,菜肴的基本烹饪方法; ③掌握不同的菜肴所搭配的酒水; ④掌握桌前服务的菜肴制作技巧。	

作业项目	作业程序	说明/标准
点菜	①宾客示意时,服务员站立于宾客右侧0.5 m的位置,按照"先宾后主、女士优先"的原则,以顺时针方向服务; ②宾客未示意时,服务员须询问宾客,并为宾客提供关于菜式搭配的必要建议; ③在宾客询问前,服务员可向宾客介绍"厨师特选"; ④询问宾客所点食品的制作方法和酒水的搭配; ⑤同宾客讲话时身体微微前倾,声音不得打扰其他宾客,宾客点菜时眼睛应注视宾客; ⑥若宾客表现得比较犹豫,服务员可以为宾客提供一些建议。	①按照顺时针方向依次请宾客点菜; ②给予宾客足够的考虑时间,严禁催促宾客; ③留心点菜时的细节; ④适时地提问,明确宾客的需要。
填写点菜单	①复述宾客的点菜,特别是宾客的特殊要求; ②整齐、清楚地书写点菜单,注明主位; ③从宾客手中收回菜单,并致谢; ④将宾客的展示盘撤下。	

4. 西餐点酒服务

作业项目	作业程序	说明/标准
点酒准备	①掌握基本的饮料和酒水知识:熟悉酒水单上提供的各种酒水的名称和产地,了解日常提供的各式鸡尾酒的名称、基本配料和配制方法,了解各式饮料的饮用方式和配备的装饰物; ②熟悉酒单上各种酒的库存情况; ③了解各种葡萄酒的基本酿制方法和服务方法;	

作业项目	作业程序	说明/标准
点酒准备	④了解宾客常点葡萄酒的特点和品味； ⑤熟悉酒水车上的各种甜食酒的名称、品种、产地和所用的不同酒杯及服务方法； ⑥熟悉提供的各种酒水的价格。	
为宾客点酒	①通过观察，预计宾客心理需求、消费水准； ②推销饮品时应采取高档酒水往低档酒水的方式进行推销和所点菜品与酒水的搭配； ③根据一般宾客对饮品的喜好进行有效推销； ④复述宾客所点酒水； ⑤从宾客手中收回酒水单并致谢。	了解宾客饮酒量，在宾客微醉的情况下就不要建议添加葡萄酒或其他含酒精类饮品。

5. 中餐上菜服务

作业项目	作业程序	说明/标准
接受菜肴	①从传菜员托盘中取出菜肴； ②配上相应的服务用具。	不同的菜肴配不同的服务用具。
为圆桌宾客上菜	①从传菜员托盘中取下菜品，站在主宾的右侧，双手将菜盘放在玻璃转盘上距盘边2 cm，转至主要宾客面前，左手背在身后，右手指并拢，手心向上指示菜品并用适中的音量报出菜名，同时简要介绍菜的特点； ②用右手四指按照顺时针方向转动玻璃转盘一周后，礼貌地对宾客说："先生/女士，请品尝这道菜。"	①餐厅服务员在提供上菜服务时，应选择适当的上菜时机，在不影响宾客的前提下提供上菜服务； ②零点服务可不讲究主宾位置上菜，但应注意上菜位置不得从正在交谈的宾客中间进行。

作业项目	作业程序	说明/标准
为正方桌宾客上菜	①从传菜员托盘中取下菜盘,站在主宾的右侧,双手将菜盘放在正方桌中间; ②左手背在身后,右手小指并拢,手心向上指示菜品,用适中的音量报出菜名,并礼貌地对宾客说:"先生/女士,请品尝这道菜。"	①上每一道菜均需主动报菜名; ②遇有一些特色菜要简单介绍制作方法。
宴会上菜顺序	①中餐宴会上菜顺序为:冷菜、汤、高档海菜、鸡鸭类菜、肉类菜、蔬菜、鱼、甜食或水果; ②宴会上菜顺序要求味别搭配,辛辣食品和咸鲜食品要相互穿插; ③宴会菜单通常为 10 道菜配 4 道中式小吃。	
中式小吃的服务	①为宾客服务汤的时候,上第一道小吃,此道小吃一般为油煎或蒸制的食品; ②每上两道主菜配一道小吃,并注意辛辣食品配不辣的小吃,咸鲜或糖醋食品配辣味的小吃; ③汤类小吃需配底碟或小瓷勺,勺柄朝正右侧; ④把小吃轻放在宾客筷子右侧。	为宾客服务小吃按照"先宾后主,女士优先"的原则,并告知在座宾客小吃的名字。

6. 西餐上菜服务

作业项目	作业程序	说明/标准
接受菜肴	①从传菜员托盘中取下菜盘,站在主宾的右侧,双手将菜盘放在桌上; ②服务员左手背在身后,右手四指并拢,手心向上指示菜,用适中的音量报出菜名,并礼貌地对宾客说:"先生/女士,请品尝这道菜。"	应选择适当的上菜时机,在不影响宾客的前提下提供服务。

作业项目	作业程序	说明/标准
按顺序上菜	第一道:面包白脱(开餐前5分钟左右),同时为各宾客斟饮料; 第二道:汤,同时将脏盘和用过的餐具从右边取走,把合适的汤勺放在餐叉边,而后可从宾客左边上汤; 第三道:沙拉; 第四道:鱼; 第五道:副菜(小盘); 第六道:主菜(大盘),上主菜前,将桌上所有吃沙拉用的餐碟、扁平餐具和玻璃杯撤走,通常底盘也应撤下,上主菜时,将盆中肉食摆在靠近宾客的前边,蔬菜和配菜在上端,如果宾客还未吃完色拉等,应将沙拉钵等移向左边,让出更多的地方摆放主菜,如宾客点了白葡萄酒,此时应为宾客斟酒; 第七道:点心,主菜盘撤下后,用一块叠好的干净餐布(或用台刷),把洒落在桌上的菜、面包屑扫进一个小盘或银制小簸箕里,同餐桌上所用过的餐具一并撤下,摆上添点用的刀、叉、勺,送上甜点; 第八道:干酪(忌司); 第九道:水果; 第十道:咖啡,将糖盅、奶罐放在餐桌上,罐柄朝主宾方向,然后摆上垫着托盘的咖啡杯,用咖啡壶从宾客右侧按顺时针顺序倒咖啡。(如果宾客点的是红茶,应将牛奶加温后倒进奶罐里;如果宾客点的是柠檬茶,则应在小茶碟上放两三片柠檬片,并放上柠檬茶匙。)	

7. 西餐分菜服务

作业项目	作业程序	说明/标准
准备分菜餐具	①分鱼和禽类菜品时准备一刀、一叉、一勺; ②分炒菜时准备勺、叉各一把或一双筷子、一把长柄勺。	分菜是文明用餐的表现,但要征询宾客意见。
席上派菜	①服务员为宾客展示菜后,将所展示的菜放在垫有口布的托盘内,左手托菜,右手持叉、勺站在宾客的右侧,按照"先宾后主、女士优先"的原则,用叉、勺夹住菜,然后分派在宾客的餐盘中; ②分带汤汁的菜时,右手中的勺应在菜盘沿上停留一下,以防汤汁滴在宾客身上,右手收回时,持勺也应在宾客菜盘沿上停留一下,以免滴落汤汁; ③将分派余下的1/3的菜,放在餐桌上。	①派菜时做到一勺准,不能把一勺菜分给两位宾客;派菜时掌握数量,做到分配均匀; ②派菜的同时应向宾客报出菜名。
旁桌式分菜	①在宾客餐桌旁放置服务桌,准备好干净的餐盘,放在服务桌上的一侧,并备好叉、勺等分菜用具; ②菜肴从厨房传来后,服务员把菜品放在餐桌上向宾客展示,介绍名称和特色,然后放到服务桌上分菜(冷拼盘除外); ③分菜由两名服务员配合操作,一名服务员分菜,一名服务员为宾客送菜,分菜服务员站在副主人席位右边第一个位与第二个位中间,右手执叉、勺夹菜,左手执长柄匙接挡,以防菜汁落在桌面上,另一服务员站在宾客右侧,把餐盘交给分菜的服务员,待菜肴分好后将餐盘放回宾客面前。	菜分好后,由服务员将餐盘从右侧送到宾客前面,顺序与桌面分菜相同。

8. 中餐宴会分菜服务

作业项目	作业程序	说明/标准
菜品的展示	①每道菜做好后,首先把菜放在转盘中间,向宾客介绍此菜的名称,如宾客感兴趣,适时向宾客介绍此菜的特点; ②服务员为宾客展示菜后,将菜取下来放在服务柜上。	
分菜服务	①将干净的餐盘按宾客的人数分放在托盘内; ②用右手同时将叉、勺拿起,并在手中将叉、勺分开; ③将分开后的服务勺用中指、无明指、小指别住,无明指别在勺柄的上面,中指及小指握住勺柄的下面,用拇指和食指拿叉; ④拇指和食指拿叉用于灵活的分切食品,另外二指所拿的服务勺用于盛放食品和配汁; ⑤为宾客分派菜时应注意菜的分量和形状,然后均匀地将菜分到每个餐盘里。	按照宾宾客数把每道菜分成若干份,目测菜量,要求每个餐盘中菜要均匀美观。
上菜服务	①左手托盘站在宾客右侧,右手向宾客示意换餐盘,将原来的餐盘取下,放上盛有菜的餐盘; ②如果宾客还需用原来的餐盘,可将才盛菜的餐盘放于原来餐盘的右上侧。	按照"先宾后主,女士优先"的原则,以顺时针方向依次服务。
撤空菜盘	①将分完菜的空盘连同服务叉勺一同撤走; ②补充服务叉勺。	宾客用完一道菜后,撤掉空盘,同时要备好另一套干净的餐盘和下道菜的分菜餐具。

第二章 餐饮服务技能

案 例 ▶

打翻汤汁引起宾客投诉

一天晚上,某酒店中餐厅传菜部新员工小张在传菜过程中,见值台服务员不在,便想自己将菜肴双味跳水兔及跟料放在工作台上。由于工作台上堆放的东西较多,小张的托盘也不太稳,不小心将酱料打倒并溅到了宾客身上。看到宾客的衣服上有几滴醒目的污迹,小张非常紧张,一时不知道该怎么办,停顿了几秒钟后转身快速地离开了。因为小张未及时向宾客道歉并采取措施,宾客非常不满意,向经理提出了投诉。

评 析

(1) 托盘操作是餐饮服务员必须掌握的基本技能之一。如果在服务中不小心操作失误,将汤汁溅在宾客身上,服务员首先要诚恳地向宾客道歉,并立即设法替宾客清理,必要时应免费为宾客把衣服洗干净。

(2) 有时由于宾客的粗心大意,打翻汤汁,服务员也要迅速到场,主动为宾客擦试,同时要安慰宾客。若汤汁洒在台布上,服务员要迅速清理,将口布垫在台布上,并请宾客继续用餐,不能不闻不问。

漏改酒单价格

2009年3月的一天,李先生一行12人前来用餐,席间有位宾客要点餐厅销售的39度五粮液,便询问服务员该酒的价格,服务员则告之798元/瓶。当时李先生说:"怎么这么贵啊?"其他宾客笑着说:"酒店的酒都是这么贵的。"李先生也没有再说什么。结账的时候,李先生说:"我怎么看你们菜单上的39度五粮液价格是598元,而你们却收我798元呢?"并且要求再次查看餐厅的酒单。结果餐厅的酒单确实标价是598元。服务员立即对李先生解释,说明在点酒的时候已经告之39度五粮液是798元一瓶,但李先生当时并没有提出异议。但是李先生执意说结账只认酒单上标明的价格,不认服务员口头说的,并怀疑服务员是想蒙骗他。经理赶到现场了解情况后,退还宾客4瓶39度五粮液的差价,每瓶200元,4瓶共计800元整。

评 析

若餐厅出现任何菜品、酒水的调价,请注意第一时间修改菜单、酒水单上的价格,避免将已过期的菜单、酒水单出示在宾客面前,造成不必要的宾客投诉。

第四章
中餐服务

图片来源:成都岷山饭店

第四章 中餐服务

第一节 餐前准备 ▶

图片来源:成都岷山饭店

基础知识 ▶

餐前准备工作:在餐厅开门营业之前,由餐厅经理开例会,分配布置当日工作。服务员要了解自己的服务区域,然后检查服务工作台和服务区域,熟悉菜单和当日特选菜肴,了解特别注意事项等。

餐前准备的主要工作流程:规范着装、清洁卫生、参加班前会、摆台、迎候宾客。

准备物品:骨碟、味碟、汤碗、汤勺、筷架、筷子、水杯、红酒杯、白酒杯、台布、餐巾、香巾、烟缸、牙签盅、席卡、菜单,以及酒水、饮料、烟、茶、水果、鲜花等。

实训项目 ▶

1. 规范着装

作业项目	作业程序	说明/标准
身着工装	①按规定穿好工作服,工作服要洗涤干净,熨烫平整,不得有开线和纽扣脱落; ②纽扣要齐全扣好,不得卷起袖子; ③领带、领花要系戴端正,工号牌要佩戴在左胸前,做到平整、端正; ④做到鞋袜搭配统一、整齐; ⑤袜口不宜短于裤脚,穿裙子时,要穿规定的长统丝袜,不得有破洞或跳丝。	符合着装礼仪,不仅表示对宾客的尊重,而且便于宾客辨认。
整理仪表	①检查个人卫生,保持面部干净、口腔清洁; ②剪短指甲,从指尖平视过去以看不见指甲为宜,不得涂指甲油; ③应保持清雅淡妆,适当施抹粉底、胭脂、眼影等,口红应选用适宜的颜色; ④头发梳理整洁,前不遮眉,后不过领,男服务员不得留鬓角、胡须,女服务员如留长发,应用统一样式发卡把头发盘起,不擦浓味发油,发型要美观大方; ⑤男服务员坚持每天刮胡子。	①做到"四勤",即勤洗手、洗澡,勤理发、修面,勤换洗衣服,勤修剪指甲; ②班前不吃生葱、生蒜等有浓烈异味的食品。
佩戴饰物	①遵守酒店相关规定,一般不可佩戴耳环、手镯、项链、别针等饰物,比较特殊或比较昂贵的首饰,如结婚戒指、亲人遗留下的饰物等有特殊纪念意义的首饰,须经上级领导同意后,方	

作业项目	作业程序	说明/标准
佩戴饰物	可佩戴； ②发型、发卡、头花遵守酒店关于仪容仪表的相关规定。	
检查仪表	①服务员每日上班前要检查自己的仪容仪表； ②保持良好的精神面貌：表情明朗、面带微笑、亲切和善、端庄大方； ③不要在餐厅有宾客的地方照镜子、化妆和梳头，整理仪表要到指定的工作间。	仪容仪表总体要求： 容貌端正，举止大方； 端庄稳重，不卑不亢； 态度和蔼，待人诚恳； 服饰庄重，整洁挺括； 打扮得体，淡妆素抹； 训练有素，言行恰当。
提前到岗	①提前5分钟到岗，签到； ②接受领班或主管分配工作。	精神饱满，准时到岗

2. 清洁餐厅

作业项目	作业程序	说明/标准
清洁沙发与桌椅	①要保持沙发及座椅洁净，无牙签一类的杂物或油迹； ②保持木质椅上洁净无尘土； ③检查沙发椅垫有无破损。	在打扫卫生的过程中，随时检查餐桌、餐椅有无松动、破损，若有，应及时修补或更换。
擦拭冰桶架及冰桶	①做到冰桶架干净、无灰尘、无污迹； ②做到冰桶内外干净、无异味、无污迹。	
清洁酒车	①保持酒车干净无灰尘； ②保持铜质扶手光亮无污迹； ③更换干净的铺垫口布。	
清洁茶车	①保持茶车干净无灰尘； ②检查茶叶罐干净有无破损； ③更换干净的铺垫口布； ④保持茶车标志"茶旗"洁净，烫熨平整。	

作业项目	作业程序	说明/标准
清洁领位台	清洁领位台,做到干净、无污迹。	领位台物品应分类摆放整齐。

3. 准备就餐环境

作业项目	作业程序	说明/标准
检查餐前餐厅摆台及桌椅	①圆桌主位面向窗户,正、副主人席位在同一条直线上; ②各套餐具之间距离相等; ③小方桌、餐椅纵横一条线上。	
检查餐厅内卫生	①保持桌面保持洁净; ②服务边柜干净,边柜上铺有清洁的口布; ③保持酒车、茶车清洁并配有白色口布; ④保持地毯清洁。	
完善装饰	①调好室内灯光,摆好室内的屏风、装饰物等; ②如遇节假日或宾客有特殊要求,要对餐厅进行美化工作。	

4. 参加班前会

作业项目	作业程序	说明/标准
检查仪表	①制服必须干净、整齐、挺括,无破损; ②丝袜无破损、无跳丝; ③工作鞋保持鞋面干净、完好; ④双手必须干净、无污迹,指甲剪短,不得涂指甲油; ⑤工牌必须保证平整。	①整理好仪表,保持良好的精神状态,不倚不靠,列队等候; ②注意细节,如指甲、鞋、袜等。
传达内容	①传达酒店及本部门的要求与任务,根据预定记录通报当日客情,对服务员进行具体分工; ②对工作中出现的问题进行纠正;	①牢记今日特选菜肴,包括菜肴名称、口味、基本制作方法、主料、配

作业项目	作业程序	说明/标准
传达内容	③进行案例分析; ④介绍今日特选菜肴及售缺品种; ⑤强调当日营业的注意事项、VIP宾客的接待工作要求; ⑥及时表扬好人好事,尤其是对服务好的服务员进行表扬。	料,牢记缺菜品种。 ②原则上由餐厅主管传达内容。
接受分工	①点名; ②了解客情及重要宾客的饮食习惯; ③了解自己所负责的台号。	①按要求站立,仔细聆听; ②熟知用餐标准及用餐宾客台号。
通报情况	①通报饭店及部门各种需要员工了解的信息; ②通报宾客对本餐厅新产品和服务的反馈意见; ③通报其他需要员工了解的信息。	①了解饭店的经营情况; ②原则上由餐厅主管通报情况。
语言培训		朗读、背诵并掌握中、英文日常礼貌用语。

5. 迎候宾客

作业项目	作业程序	说明/标准
问候宾客	当宾客距迎宾台3m远时,迎宾员应主动上前向宾客微笑致意:"先生/女士,早上好/下午好/晚上好,欢迎光临。"	对常光顾餐厅的宾客应尊称宾客姓氏:如"张先生/王女士"等。
确定宾客的预订	①确定宾客是否预订以及宾客人数; ②对要求预订的宾客,根据餐厅预订情况给予答复,并作相应处理; ③如果有宾客来寻找正在进餐宾客的情况,要给予协助和相应的关注。	
引领宾客入位	①迎宾员向餐厅左侧引领时,应在宾客左前方,右手拿菜单,左手指方向。	

作业项目	作业程序	说明/标准
引领宾客入位	②迎宾员把宾客向右侧和中间位置引领时,应在宾客右前方,左手拿菜单,右手指方向,指方向时,四指并拢,手心向上,同时说:"请往这边走。" ③迎宾员引领宾客进入餐厅时,应在宾客的侧前方,保持在1~1.5 m之间,并用眼睛余光注视宾客。 ④迎宾员根据宾客人数,是否吸烟以及特殊要求,将宾客带到餐桌前,征询宾客意见:"您满意这个位子吗?"	
进行就座服务	①帮助宾客轻轻搬开坐椅,待宾客即落座时将坐椅轻轻送回; ②按"女士优先,先年长后年轻,先儿童后成人"的顺序为宾客铺口布,遇有儿童时,需征求家长意见,是否为儿童提供儿童椅; ③站在宾客右侧,打开菜单第1页,将菜单送到宾客手中; ④向宾客祝愿:"先生/女士,祝您早餐/午餐/晚餐愉快。"	拉椅时两手握于椅背上方的两侧,大拇指压住椅背里侧,四指扣于椅背后侧,右脚上前半步,用膝盖顶住椅子后中部,慢慢向后拉动,随着宾客落座,将椅子适时推回。
交接工作	①迎宾员须告知服务员就餐人数、主宾的姓名及房间号,以便服务员能够尊称主宾的姓氏; ②若宾客有特殊要求,如规定进餐的形式、预定的时间等,迎宾员应通知餐厅提前做好准备,并向服务员简单介绍宾客情况; ③宾客点菜完后,适时将菜单回收,检查确认干净完整后,整齐地放在迎宾台上。	

第四章 中餐服务

第二节 餐中服务

图片来源:成都银杏酒店管理学院

实训项目

1. 香巾服务

作业项目	作业程序	说明/标准
准备香巾	①将洗涤过的无污迹的香巾浸泡于热水中; ②将浸泡过的香巾拧干,折叠成同香巾碟大小相同的长方形。	香巾服务是中餐中的特色服务。
香巾保温	①将折叠好的香巾按照顺序整齐地摆放在香巾蒸柜内;	①香巾应保持干净、无异味;

75

作业项目	作业程序	说明/标准
香巾保温	②将香巾蒸柜门关好,打开电源开关。	②香巾温度应保持40℃左右。
准备香巾夹及香巾碟	①将洗干净的香巾夹放在备餐台上; ②将所有干净的香巾碟整齐地放在备餐台上。	
香巾的使用	根据进餐宾客的人数,用香巾夹从香巾蒸柜中夹出香巾,放在香巾碟内。	
首次香巾服务	①为宾客铺上口布后,提供首次香巾服务。 ②将香巾蒸柜内保温后的香巾用香巾夹夹出后放入香巾碟中,并摆放在托盘内。 ③将香巾碟放在茶杯的右侧,四指并拢,手心向上为宾客示意并说:"先生/女士,请用香巾。" ④宾客用过香巾后,服务员用手示意并询问宾客:"先生/女士,我能撤掉香巾吗?"经同意后,撤掉香巾。	服务员按照"先宾后主、女士优先"的原则在宾客右侧以顺时针方向依次提供服务。
多次香巾服务	如果遇上虾、蟹类的菜要多次提供香巾,或者宾客用餐完毕后,上水果要多次提供香巾。	

2. 茶水服务

作业项目	作业程序	说明/标准
茶和茶具的准备	①在备餐台上准备多个无破损、干净的茶壶,配上香巾和茶壶底托,如在冬天,还需准备相应的内部放有蜡烛的暖茶座; ②茶壶数量应与餐桌数基本一致; ③准备茶叶和大保温瓶,保温瓶内要注满开水。	茶壶必须配有茶碟和茶壶垫,摆放茶壶垫时,不准盖住店徽。

作业项目	作业程序	说明/标准
茶水的服务	①开餐时间内,服务员为宾客递上菜单后,主动向其推荐茶品。 ②当宾客需要时,服务员应为宾客介绍茶的名称以及茶的特点,以便宾客选择。 ③宾客确定某种茶后,服务员应立即为宾客泡茶,即在茶壶内放入适量的茶叶,然后大约注入2/3的开水。 ④斟茶时一般用右手,即用大拇指伸入到茶壶把,其余四指托住骨碟,从主宾开始在右侧按顺时针为宾客依次斟倒,一般倒八分满即可,同时说:"先生/女士,请用茶。" ⑤将带茶托的茶壶放在餐桌上易拿的位置,茶壶嘴不能对准宾客,若在冬天,点燃暖茶座内的蜡烛,并将茶壶放在上面。	茶量根据习惯而定,南方习惯七分茶八分酒,北方习惯八分茶满杯酒。
茶水的添加	①观察宾客杯里的茶水,判断是否需要再次添加; ②及时在壶里添加开水。	倒茶时壶嘴不宜离茶杯太高(2～5 cm为宜)掌握好倒茶的速度,注意壶嘴不要朝向宾客,以免热水外溅。
各种袋茶的准备和服务	①取一洁净无异物的茶壶,在其中放入一袋宾客指定茶包; ②倒入开水,将茶包涮两下,再泡2～3分钟; ③服务时必须准备茶杯、茶碟、茶勺,将茶杯放在茶碟上,杯把向右,茶勺放在茶碟上靠近杯把处; ④服务英国茶、柠檬茶时需配备柠檬	

作业项目	作业程序	说明/标准
各种袋茶的准备和服务	片; ⑤为宾客倒完茶后,需将壶内重新注满开水,再放到主宾茶杯的右上方。	

3. 水果服务

作业项目	作业程序	说明/标准
清洁桌面	宾客用完茶后,服务员应立于宾客右侧主动询问是否可以清洁桌面,并用右手示意并说:"先生/女士,我可以为您清洁桌面吗?"	
进行服务	①按照宾客的人数,准备相应数量的餐盘和水果叉; ②为宾客上餐盘时,应将餐盘放在宾客面前距桌沿1 cm处,再将水果叉放在餐盘上,叉柄向右; ③站在宾客右侧,将水果盘放在餐桌上,右手指示并说:"先生/女士,这是您的水果。"	按照"先宾后主、女士优先"的原则,从宾客右侧服务。

4. 铺口布、撤筷子套

作业项目	作业程序	说明/标准
铺口布	①在宾客入座后,按照"先宾后主,女士优先"的原则进行; ②一般情况下应站在宾客右侧,双手打开口布,然后将口布铺在宾客双腿上,如果在不方便的情况下(如长方桌一侧靠墙),可以在宾客左侧为宾客铺口布,当需要从宾客左侧铺口布时,应注意左手在前,右手在后(其目的在于不要把胳膊肘送到宾客胸前); ③如有儿童用餐,要根据家长的要求,帮助儿童铺口布。	①抓住口布的上方,左手在前,右手在后; ②口布要保持干净、挺括。

作业项目	作业程序	说明/标准
撤筷子套	①服务员走到宾客餐桌前,礼貌地示意宾客,将要撤去筷子套; ②拿起配有筷子套的筷子,将筷子从出口倒出; ③筷子上的店名英文或中文一致朝上摆放,用手拿住筷子下端1/3以下部位,放在宾客的筷架上; ④将每次脱下的筷子套握在左手中,最后一起撤走。	不要触及到筷子的入口部分。

5. 上餐前小菜服务

作业项目	作业程序	说明/标准
准备	6位宾客以上应送小菜两款2碟,7位宾客以上应送小菜两款4碟(根据酒店情况酌情送出)。	餐前小菜是宾客等候菜肴时食用,有开胃作用,是中餐服务的特色。
上菜	①当宾客入座后,看台服务员用托盘从宾客右侧将小菜碟摆上桌面; ②小菜要按不同款式错开摆放; ③礼貌地请宾客享用。	

6. 甜品服务

作业项目	作业程序	说明/标准
订甜品	①在宾客吃完正餐后,服务员应根据用餐宾客的需要,主动推荐餐后甜品; ②在确定用餐宾客预订的甜品后,服务员马上填写点菜单,并注明写单时间; ③服务员将点菜单分送厨房、传菜员及收银员。	

作业项目	作业程序	说明/标准
准备	①如果宾客餐桌上有菜汁,应铺上一块干净口布,如果餐桌是圆桌,同时应清洁玻璃转盘; ②准备好宾客所订甜食的配套餐具,并用托盘从宾客右侧将餐具摆放在面前,依据"先宾后主、女士优先"的原则,以顺时针方向依次服务。	
服务	①甜品送进餐厅后,服务员应用托盘站在宾客右侧将甜品放于餐桌的正中间,并告诉宾客甜品的名称; ②服务员依据"先宾后主、女士优先"的原则站立于宾客右侧为其提供甜品分餐服务; ③待宾客吃完甜品后,经宾客同意,应立即撤走空餐具。	

7. 席间服务

作业项目	作业程序	说明/标准
更换烟缸	①服务员应随时巡视用餐宾客的台面,当宾客的烟缸内有2个以上烟蒂或有其他杂物时,应马上为宾客更换烟缸。 ②从服务柜中取出干净、无破损的烟缸,放入托盘中,做好更换准备。 ③服务员托起托盘,站在宾客右侧,用手示意,并询问宾客:"先生/女士,我能为您更换烟缸吗?" ④宾客同意后,用右手拇指和中指捏紧一个干净烟缸的外壁,右手食指搭在烟缸边上,从宾客右侧将干净烟缸盖在脏烟缸上面,右手拇指、中指捏紧	①干净烟缸要做到无破损、无水迹、无异物; ②不得用手拣拾宾客掉落的烟蒂,如必须用手时,拣拾完后应立即洗手; ③撤换时,烟缸中若有半截未熄灭的香烟,需向宾客询问可否更换。

作业项目	作业程序	说明/标准
更换烟缸	下面脏烟缸,放在托盘上。 ⑤将两个烟缸慢慢拿起从台边一起撤走,放于左手的托盘上,再用同样的手法将干净烟缸摆回餐桌原位置上。	
更换餐盘	①宾客在用餐的过程中,服务员应随时观察宾客的餐桌,当预计需要给宾客更换餐盘时,立即做相应的准备,从边柜中取出干净的餐盘码放在托盘上。 ②服务员左手托托盘,站在宾客右侧,右手示意,询问宾客:"先生/女士,我能为您更换餐盘吗?" ③宾客同意后,撤掉用过的餐盘,将干净的餐盘放在托盘上,按照顺时针的方向,从宾客右侧开始为宾客更换餐盘。	一般情况下,不超过两道菜应为宾客更换一次餐盘。
斟倒酒水、饮料、茶	服务员手拿相应的酒水、饮料和茶,走到宾客面前,礼貌地询问:"帮您添水(饮料、茶)。"	添加酒水、饮料和茶的多少应以酒杯容量为标准。
宾客用餐过程中桌面的清洁	①宾客用餐过程中,餐桌上不能出现空盘、空碗和空酒杯。当发现宾客餐桌上有空盘、空碗和空杯时,应征得宾客同意后,将空盘、空碗、空杯分类放在托盘内及时撤掉。 ②征求宾客是否同意时,应用手示意:"先生/女士,我能把它拿走吗?"	撤餐具时用食指和拇指拿取,禁止直接用整只手拿取餐具。
宾客用完正餐后桌面的清洁	①当宾客用完正餐后,服务员在征得宾客同意后,应立即为宾客清洁餐桌,并用手示意:"先生/女士,我现在能为您清洁台面吗?"	

作业项目	作业程序	说明/标准
宾客用完正餐后桌面的清洁	②清洁餐桌时,应侧立在宾客的右侧,左手中的托盘应在宾客背后,切勿放于宾客面前,在清洁桌面时不能影响宾客的交谈。 ③撤餐具时,应将用过的餐具在托盘内整齐有序地分类摆放。 ④撤完餐具后,如果宾客餐桌上有菜汁、酱油迹或其他污迹,应在上面铺放一块干净的口布。	
二次推销	①根据宾客用餐情况,及时向宾客推销菜肴、酒水、饮料、甜品; ②推销要有针对性,严禁强行推销。	适时礼貌微笑。

第三节
餐后服务 ▶

图片来源:成都银杏酒店管理学院

实训项目 ▶

1. 菜肴打包服务

作业项目	作业程序	说明/标准
准备	当宾客提出将所剩菜肴包装带走时,服务员应立即将菜肴撤下餐桌,并告诉宾客包装菜肴所需的时间,并请宾客稍等。	当宾客用餐邻近结束,如有剩余菜肴,应主动建议宾客打包带走。
食品包装	①撤下需打包的菜肴到后台或服务边柜; ②将菜肴分类并用保鲜袋包装,注意不要将汤汁外溢; ③将包好的菜肴放入食品盒内,并打开食品盒盖,服务员用托盘送到宾客右侧,请宾客观看,并告诉宾客,分别包装的菜肴名称,经宾客认可后,将食品拿到备餐台上; ④服务员在备餐台上盖好食品盒盖,递给宾客。 ⑤递给宾客时说:"这是您的打包食品,请拿好,谢谢。"	

2. 结账服务

作业项目	作业程序	说明/标准
为宾客拿结账单	①当宾客要求结账时,服务员在问清宾客的付款方式后,应请宾客稍等,然后立即去收银台为宾客取结账单; ②服务员告诉收银员结账宾客的台号和协议单位号,并迅速检查账单台号、人数、食品及饮品消费额是否正确,如有差错,要及时核对修正; ③将取回的结账单夹在结账夹内,走到	当宾客要求结账时,应主动询问宾客如何结账。

作业项目	作业程序	说明/标准
为宾客拿结账单	主宾右侧,打开结账夹,右手持账夹上端,左手轻托账夹下端,递至主宾面前,请主宾检查,但不要让其他宾客看到结账单,并对主宾说:"先生/女士,这是您的结账单",然后询问主宾的结账方式(用现金还是刷卡)。	
签单结账	①如果宾客是住店旅客,服务员在为宾客送上结账单的同时,还要为宾客递上笔,即右手持笔的中间,笔尾朝向宾客,笔尖朝向自己,并礼貌地提示宾客需写清房间号、姓名等。 ②宾客签好结账单后,服务员将结账单重新夹在结账夹内,拿起结账单,并真诚地表示感谢:"谢谢,先生/女士。" ③将结账单送回收银处,由收银员查询电脑后加以确认。	
信用卡结账	如果宾客使用信用卡结账,服务员应将宾客引领至收银台,由收银员为其办理信用卡结账;	指导宾客签字。
现金结账	①如果宾客付现金,应请宾客稍等,然后将结账单夹在结账夹内,走到宾客右侧递送结账单,并询问宾客是否需要开发票; ②在宾客右后侧清点钱数,然后将现金送收银员; ③站在宾客右侧,打开结账夹,将所找零钱递给宾客,同时真诚地表示感谢; ④在宾客确定所找钱数正确后,服务员将结账夹送回收银处。	当着宾客面点清现金,找零给宾客,当面点清。

作业项目	作业程序	说明/标准
支票结账	①如果宾客支付支票,应请其出示身份证及联系电话,然后将结账单及支票证件同时送给收银员; ②收银员结完账,并记录下证件号码及联系电话后,服务员应将结账单及支票存根核对后送还宾客,并真诚地表示感谢; ③如果宾客使用密码支票,应请宾客说出密码号,并记录在一张纸上,结账后,当把结账单及支票存根交还宾客时,应在宾客面前销毁号码,并真诚地表示感谢。	指导宾客填写姓名、地址和身份证。
贵宾卡结账	①如果宾客结账时出示贵宾卡,应将贵宾卡送往收银处; ②待收银员结完账,服务员应将结账单和贵宾卡一同夹在结账夹内,递交给宾客,并告诉宾客已经为他打了折。	
托收结账	①指导宾客填写单位名称、姓名、电话号码、地址和身份证号码; ②核对宾客身份证。	托收结账只接受信用关系的用户。
结账后的服务	如果宾客结账完毕,并未马上离开餐厅,而继续交谈时,服务员应继续提供服务,为宾客添加茶水,并及时更换烟缸。	

3. 送客服务

作业项目	作业程序	说明/标准
帮助宾客离座	①当宾客要起身时,应主动为宾客拉开座椅,然后递上宾客携带的物品,如有女士,要首先帮助女士,特别要注意照顾老人和小孩;	提醒及帮助宾客携带好物品。

作业项目	作业程序	说明/标准
帮助宾客离座	②在宾客离开餐桌时,要迅速检查一下周围是否有宾客遗留物品。	
与宾客道别	①当宾客离开餐厅时,服务员要主动向每一位宾客道别:"先生/女士,谢谢您,欢迎您再次光临,再见!" ②当宾客主动握手时,不能回避。	和宾客道别时,应微笑注视宾客,热情、庄重,不能显示过分的高兴。
整理台面	①宾客离开餐厅后,服务员需检查台面上下是否有宾客遗留的物品; ②用托盘将台面上宾客用过的各种餐具和用具撤下; ③铺换新台布,台面上只摆设烛台、花瓶和烟缸; ④重新调整座椅。	准备迎接下一批宾客,或为下一次开餐作准备。

4. 撤台

作业项目	作业程序	说明/标准
整理餐椅	按摆台规范要求对齐餐椅。	
撤桌上物品	把桌面上的花瓶、调味瓶和桌号牌收到托盘上,暂放于服务边柜上。	将今后继续使用的物品撤到安全之处。
撤餐具,送洗碗房	①用托盘开始撤桌面上餐具,并送到洗碗房清洗; ②收撤的顺序为:香巾、餐具、玻璃瓶、银器、钢器、瓷器、台布。	将不用的物品送去清洗。
更换台布	①清理后,立即更换台布; ②如餐桌使用转盘,则需先取下已用过的转盘,然后更换台布,再摆好转盘。	
摆放物品	用干净抹布把花瓶、调味瓶和桌号牌擦干净后按摆桌规范摆上桌面(其他和摆台的程序同)。	

5. 清场

作业项目	作业程序	说明/标准
准备	①当营业结束、宾客离开后,服务员开始着手厅面的清场工作; ②关掉大部分的照明灯,只留适合的灯光供清场用。	
撤器皿、收布草	①先清理桌面,再撤走服务桌上所有器皿,送到洗碗房清洗; ②把布草分类清点送回备餐间(干净的与脏的要分开)。	
清洁地面	清洁四周围墙、地面及地毯,如地毯有污迹,通知管家部清洗。	及时清洁,以免积留。
落实安全措施	①关闭水擎、切段电源; ②除员工出入口以外,锁好所有门窗; ③由当值负责人做完最后的安全防患复查后,填写"班后安全检查表",落实厅面各项安全防患工作,最后锁好员工出入门,方可离岗。	

案 例 ▶

日本宾客点"辣子鸡"

　　一天,某星级酒店中餐厅来了两位日本宾客,服务员小肖热情地接待了他们。日本宾客落座后,用生硬的中文表示要品尝一下川菜,于是小肖为他们做了菜品的介绍。宾客说要点"辣子鸡",由于当时餐厅供应的"干煸童子鸡"、"家乡辣子鸡丁"、"干煸清远鸡",都可以称得上是"辣子鸡",但小肖未再对宾客进行详细询问,反凭自己理解确定为"家乡辣子鸡丁",于是为宾客订餐。当菜品端给宾客时,宾客非常不满意,责问:"这是辣子鸡吗?你上错了我们的菜!"

　　小肖分析,宾客来自日本,口味较重,应该是指带有重庆口味的"干煸清远鸡"。她认识到了自己的错误,立即向宾客道歉,详细向宾客询问后重新为宾客订餐。

> **评 析**
>
> 当宾客不熟悉菜品名称时,服务员为宾客点菜要不厌其烦,并详细询问宾客所需要的菜品是哪种味道?哪种盘型?主辅料有哪些?不能仅以菜肴名称来询问。比如:"请问您是点有青笋(或黄瓜)的家乡辣子鸡丁?是加有蒜苔的干煸童子鸡?还是加有干红辣椒的清远鸡?"

顾客的重要性

宋先生是一家酒店的长住客,几乎每天都会来中餐厅就餐。一天,他带两位宾客吃晚餐。当他的宾客吃了开胃菜花生米后,觉得非常不错。于是,宋先生就让服务员再来一碟,服务员便告之宋先生:"续加开胃菜是要收费的。"这样一句话,引起了宋先生极其不满。由于宋先生是一位非常要面子的人,他认为服务员当着他宾客的面这样回答,是觉得自己付不起这个钱,因此他立即向餐厅经理投诉此事。

请思考

服务员这样回答错了吗?如果面对宾客类似这样的需求,服务员应如何处理?管理人员应如何进行弥补?

边炉爬出蟑螂

张先生在某酒店餐厅宴请多年不见的大学同学,他们在愉快的氛围中沉浸在当年大学生活的回忆里,由于主宾都喝了不少酒,嗓门也越来越大。这时最后一道菜"象拔蚌"上桌了。边炉刚端上来,忽然从里面爬出了几只小蟑螂,并在满桌乱窜,一时场面非常尴尬。在场宾客当时即变了脸色,非常气愤。服务员立即征询宾客意见是否需要换菜,被予以拒绝。当服务员道歉时,又被大声喝止住。经理得到消息后随即赶来,向张先生表示歉意,并提出弥补措施。但张先生依旧非常愤怒,觉得在大学同学面前丢了脸,于是抬高了音调对餐厅的卫生状况、服务规格进行了不断地责骂……

> **评 析**
>
> 餐厅不仅需要建立完善的器皿管理制度,更重要的是要按时、按制度进行彻底的卫生清洁。

第五章 西餐服务

图片来源：成都凯宾斯基饭店

第一节
准备工作 ▶

图片来源:成都明悦大酒店

基础知识 ▶

一、西餐主要用具 ▶

（1）服务用具。服务用具是指对宾客的服务过程中,服务员使用的工具,也包括服务某些特殊菜肴时使用的特殊工具。常见的服务用具主要有：

①勺类用具:长柄汤勺,为宾客分汤时使用;沙拉服务勺,为宾客分派沙拉时使用。

②刀类用具:服务用鱼刀,分鱼或现场烹制鱼类食品时使用;奶酪刀,是专门用来切割奶酪的长刃刀具;蛋糕刀,与餐叉相似,主要用来切割蛋糕等糕点;切割用刀,为宾客现场切割大块肉类食品时的专用工具。

③叉类用具:服务用鱼叉,分鱼或现场烹制鱼类食品时使用;切割用叉,为宾客现场切割大块肉类食品时的专用工具;沙拉服务叉,为宾客分派沙拉时使用。

④装盛用具:蔬菜斗,又称沙司斗;橘子模,用于加工鲜橘汁和柠檬汁;盅,包括果酱盅、蛋盅、洗手盅、白脱盅、糖盅等。

⑤特殊菜品用具:蜗牛夹和叉、通心面夹、龙虾夹、钳和叉、坚果捏碎器等。

（2）客用餐具。客用餐具是指摆放在餐桌上供宾客就餐时使用的各种器具。

①餐刀。餐刀按形状、大小、用途可分为鱼刀、正餐刀（主菜刀）、黄油刀、甜品刀等。鱼刀：是食用鱼类菜肴的专用餐具；正餐刀：是西餐的主要餐具，主要是在食用主菜时使用；黄油刀：其外观特点是体形较小，刀片与刀把不在同一水平线上，主要用于分挑黄油或果酱；甜品刀：是餐后食用甜品时的专用餐具。

②勺。勺按形状、大小、用途主要分为冰淇淋勺、汤勺、汁勺、咖啡勺、茶勺、甜品勺。冰淇淋勺：是食用冰淇淋的专用餐具；汤勺：西餐喝汤的专用餐具，其头部呈圆形；汁勺：在服务色拉或主菜时，帮助宾客浇汁的用具；咖啡勺：是饮用咖啡时的专用餐具；茶勺：是饮用红茶时用于搅拌淡奶和糖的餐具；甜品勺：用来食用布丁等各种甜品的专用餐具。

③餐叉。餐叉按照大小、形状和用途的不同可以分为海鲜叉、鱼叉、正餐叉、龙虾叉、蜗牛叉、生蚝叉等。海鲜叉：又叫小号叉，主要是在食用海鲜等菜品时使用，也可在食用小盘菜、点心、水果等时使用；正餐叉：是西餐的主要餐具，主要是在食用主菜时使用，也可作为分菜叉使用。

④杯。西餐常用杯根据不同的使用目的，主要可分为水杯、白兰地杯、香槟酒杯、红、白葡萄酒杯、甜酒杯、雪利酒杯等。

⑤盘。西餐餐盘根据大小、形状、用途的不同，可分为装饰盘、面包盘、黄油盘等。

（3）餐桌服务用品。常见餐桌服务用品主要有：洗手盅，是宾客食用带壳食物后的洗手用具；芥末盅：是专门用来装调味品芥末的器皿；胡椒磨：是用来现磨胡椒或花椒的工具。其他常见的还有盐瓶、胡椒瓶、带盖黄油碟、酒瓶垫、油醋架等。

实训项目 ▶

1. 卫生工作

作业项目	作业程序	说明/标准
公共区域卫生	①当班主管及时通知公共区域领班需要清扫的地段； ②公共区域领班通知服务员各自应清扫餐厅的地毯、墙壁、装饰物及镜子。	清洁完毕由餐厅当班经理和公共区域领班共同检查、验收。

作业项目	作业程序	说明/标准
餐厅区域卫生	餐厅服务员清洁各边柜内外卫生。	①保持服务车光洁; ②保持各种用具表面清洁、无污迹; ③保持展示台和沙拉台表面无尘、无异物。

2. 餐具的清洁和登记

作业项目	作业程序	说明/标准
早班登记	①当班服务员在摆台前将所有的银器和餐具清点出准确的数目; ②登记由当班领班签字; ③下班前核对登记数字。	
晚班登记	①晚班接班时由专人负责清点餐具,数目应与早班登记数目吻合; ②由当班领班签字; ③下班前应再进行清点,登记并锁好餐具,由领班签字。	
餐具的清洁	①盛放餐具的餐具盒要保持干净; ②擦拭时动作要轻,避免损坏; ③清洁的餐具应光洁,无污迹、水迹和指印,避免用手直接接触擦好的餐具; ④擦拭干净的餐具,分类整齐码放在餐具盒内。	擦拭时的注意要领:右手用口布的一角包裹住餐具握柄,左手用口布另外一角擦拭。
丢失、损坏餐具的登记	①清点出丢失、损坏餐具的准确数目; ②注明丢失、损坏的原因; ③由管理餐具负责人签字。	统计丢失、损坏餐具数目并及时通报当班经理。

3. 盐瓶、胡椒瓶的准备

作业项目	作业程序	说明/标准
清洁	①每周安排专人清洗盐瓶、胡椒瓶； ②确保盐瓶、胡椒瓶彻底干燥后再进行使用。	清洗要彻底。
补充	①当瓶内盐或胡椒不足1/3时应进行补充； ②保证装入的盐粒中无异物、无结块，胡椒中颗粒饱满。	各部件要轻拆轻放，避免损坏。
检查	①在摆放前进行检查和清洗； ②保证瓶表面无尘迹、油渍和指印； ③确认盐、胡椒充分，瓶内无异物。	
保存	①开餐完毕后清点盐椒瓶数量； ②登记盐瓶、胡椒瓶数目； ③避免在使用和搬运过程中摔落和碰撞。	盐瓶、胡椒瓶保存于安全、干燥、室温正常的环境中。

4. 擦拭玻璃杯

作业项目	作业程序	说明/标准
准备	①准备塑料餐具清洁盆，内盛占容积1/2开水； ②准备一块干净的擦杯布； ③准备一个垫有干净口布的长托盘或铺有干净台布的服务车； ④将清洗消毒过的玻璃杯从洗碗间取回。	
擦拭	①用右手拿布巾另一角塞入杯内，两手协助杯子转动，擦拭杯脚、杯壁、杯口和杯底； ②擦拭完成后，将杯子对准灯光检查，保证其无污迹、水迹、指印和布屑。	擦拭时用力不宜过大，以防弄碎玻璃杯。

作业项目	作业程序	说明/标准
摆放	①用手中擦杯布包住杯脚； ②将杯口向下，整齐码放于长托盘或服务车上。	

5. 擦拭银器

作业项目	作业程序	说明/标准
银盘的擦试	①清洁后的银盘应立即用干净的擦布擦干净； ②整齐地摆放在银器柜中。	
银筷架的擦拭	①清洁后的银筷架立即用干净的擦布擦干净，并轻轻放入托盘，避免相互碰撞； ②整齐地摆放在银器抽屉中。	
银勺的擦拭	①清洁后的银勺浸入60℃以上的热水浸泡2～3分钟； ②用干净的擦布将浸泡的银勺擦干； ③将擦过的银勺拿到光线度强的灯光下，检查是否有氧化点或被腐蚀的痕迹，如有此种情况，需送回管家部做银器打磨或其他特殊处理； ④擦拭过的银勺必须用拿龙面勺柄，不可以用手指接触到勺的上面部位，避免手指印印在银面上； ⑤将擦试过的银勺整齐的摆放在银器抽屉内。	避免手指接触银勺的上面部位。
检查	检查银器有无氧化点、腐蚀痕迹或银质褪落现象。	能否正确地使用和保养，将直接影响到银器的使用寿命，同时也会影响餐厅的服务质量和管理水平。

6. 糖盅、奶罐的准备

作业项目	作业程序	说明/标准
清洗	①清洗由专人负责； ②每天清洗一次； ③清洗后进行彻底干燥工作； ④检查容器是否完整，有无破损、污迹。	容器要定期清洗，保持清洁。
糖盅的补充	①将白糖和黄糖分类装入糖盅； ②糖量为糖盅容量的4/5； ③补充完毕后盖好糖盅盖。	糖必须保证新鲜、无异物、无结块。
奶罐的补充	①将鲜奶从厨房取回； ②服务咖啡前，根据宾客要求把鲜奶注入奶罐； ③鲜奶加至奶罐的3/4处； ④由服务员平稳地端至宾客台面上。	
摆放	①按照3～4人一套的标准，提供适量糖盅、奶罐； ②将糖盅、奶罐放在垫有花纸的甜食盘上； ③宾客面对糖盅、奶罐时，需糖盅在左、奶罐在右。	

7. 检查菜单和酒水单

作业项目	作业程序	说明/标准
检查菜单和酒水单	①开餐前检查菜单、酒水单是否无污迹、无破损； ②检查所有菜单、酒水单内的内容和价格是否正确、一致； ③开餐时所用菜单为台位数的1/3； ④酒水单数与菜单数相同。	西餐菜单是每位宾客各自点菜，所以菜单数量要充足。

作业项目	作业程序	说明/标准
日常维护	①随时保持菜单、酒水单无污迹、无破损; ②发现破损和内容有误的菜单后,应通知当班主管及时处理。	
更换	①根据酒库的库存情况,随时更换酒水单; ②定期更换菜单、酒水单。	不使用有破损、污物的菜单、酒水单。

8. 备茶

作业项目	作业程序	说明/标准
准备	①在开餐前准备各种茶:英国茶、中国花茶及绿茶、薄荷茶、各式香草茶; ②检查茶包是否破裂,有无水迹、污迹; ③检查散茶是否新鲜,有无异味、异物。	
存放	①茶叶存放于干净、干燥的边柜内; ②各式茶叶分别装在不同的容器内,防止串味。	正确存放茶叶,保持原味。

9. 准备冰桶

作业项目	作业程序	说明/标准
清洗冰桶	①开餐前把服务用的冰桶和冰桶架运至洗餐间清洗,确保无污迹、水迹和异物; ②清洗时要拿湿布和指定的清洁剂清洗; ③最后应用水冲净残留清洁剂并将其擦拭干; ④如果要用金银器打磨剂来打磨除去镀金、镀银冰桶的污点或锈迹,在打磨之后要清洗掉打磨的残留物。	桶内应无污迹、水迹和异物。

作业项目	作业程序	说明/标准
准备冰桶	①把冰桶置于冰桶架上; ②将冰桶的1/2～2/3的部分装满冰,且以碎冰为宜; ③装入水至冰桶的1/2; ④将8 cm宽的口布条横搭于冰桶上; ⑤把准备好的冰桶搬至服务区,整齐摆放于位置。	①碎冰可以使葡萄酒和香槟酒瓶子更易装入冰桶中; ②要确保有足够的冰和水将瓶颈覆盖住。
整理冰桶	①每天工作结束后,将所有冰桶内的冰和水倾倒干净; ②用水把冰桶、冰铲、冰桶架冲干净,然后拭干存放。	冰和水要倾倒干净。

10. 准备甜酒

作业项目	作业程序	说明/标准
准备制作用具	①开餐前在服务车的第一层铺垫干净的台布,第二层铺垫干净的口布; ②清洗加热用的小酒精炉,确保无污迹、无异物,并向炉内加满固体酒精; ③清洁甜酒专用的玻璃杯,确保无水迹、无污迹; ④将20个干净的面包盘铺垫好花纸; ⑤准备20把擦拭干净的咖啡勺; ⑥准备所需的甜酒,并确保甜酒商标完整无污迹; ⑦准备的白糖和黄糖确保新鲜,无异物、无结块,奶油造型美观,无溶化痕迹。	
布置制作车	①把小酒精炉放在面包盘上,置于车的第一层的中央位置; ②把白糖盅、黄糖盅和奶及奶油盅置于另一面包盘上,摆放在车的第一层前	

作业项目	作业程序	说明/标准
布置制作车	侧偏左位置； ③把玻璃杯和甜酒放在面包盘上，置放在车的第一层前侧偏右位置，甜酒商标朝向宾客； ④把剩下的面包盘和咖啡勺以及多余的玻璃杯整齐地摆在车的第二层上； ⑤把车推入餐厅，停放在明显的位置。	

11. 摆放沙拉台

图片来源：成都银杏酒店管理学院

作业项目	作业程序	说明/标准
准备沙拉台	①根据摆放沙拉台的具体位置使用不同形状的台面； ②摆台前检查桌子是否稳固、有无破损； ③在台桌上铺好台布、别好台裙，将装饰物摆放在台上，各种装饰物需确保	先布置台形再布置台面，要有层次感。

第五章 西餐服务

作业项目	作业程序	说明/标准
准备沙拉台	卫生,摆放要有层次感; ④将40个干净的沙拉盘摆放于台上稳固的位置。	
摆放沙拉	①开餐前15分钟从厨房取回各种沙拉和调味汁; ②按颜色和式样进行搭配,将沙拉和调味汁摆放到台上; ③沙拉需配摆服务叉勺; ④每种调味汁需配摆服务勺。	必要时需叠口布花垫于沙拉盆下。

第二节
西餐服务工作 ▶

图片来源:成都明悦大酒店

基础知识 ▶

　　西餐服务员的工作包括迎宾、餐前服务、开胃品服务、汤类服务、主菜服务、餐后服务等内容。西餐服务的一般规则:

(1)所有的食物都从宾客的左边,由服务员的用左手供应,对于法式服务,可能个别酒店存在自身的服务规范。

(2)所有的饮料都是从宾客的右边,由服务员的用右手供应,某些餐厅关于汤类服务的规范可能不同。

(3)除了面包、奶油以外,所有的脏盘子都是在宾客的右边,由服务员用右手撤走。

(4)所有的菜肴应按照固定的顺序进行供应,除非宾客另行指定或特别要求。

(5)当服务某一桌宾客时,不能倒退前进接近宾客。

(6)不要在宾客面前擦拭餐具。

(7)要对女士、儿童和长者优先服务。

服务流程和要求:

1. 迎宾

(1)打招呼、问候。

(2)在询问宾客就餐人数后,礼貌地将宾客带到其满意的餐桌前。

(3)要在2分钟内引宾客落座。

(4)离开前,向宾客说"请享用"。

2. 餐前服务

(1)服务面包和水:宾客入座后2分钟内完成。

(2)宾客点餐前饮料:宾客入座后2分钟内完成。

(3)呈递菜单、酒单:宾客入座后5分钟内完成。

(4)解释菜单:一般在宾客入座后10分钟内,即在服务饮料时解释菜单。

(5)服务饮料:宾客入座后10分钟内完成。

(6)点菜记录:宾客入座15分钟内完成,或在服务饮料后进行;如果必要,可在呈递菜单时,即宾客入座后5分钟进行。

(7)送点菜单到厨房:记录完点菜立即送到厨房。

3. 开胃品服务

(1)服务开胃品:宾客入座15分钟后进行。

(2)服务开胃酒:应在上开胃品前服务到餐桌;开瓶、倒酒可在上开胃品前,也可在上开胃品后进行。

(3)清理开胃品盘:全桌宾客用完后撤盘、杯。

(4)加冰水:清理完盘、杯后,主动为宾客加满冰水,直到服务甜点。

4. 汤或沙拉(第二道菜)服务

(1) 服务汤或沙拉:在清理完开胃品盘后 10 分钟内进行。

(2) 服务第二道菜用酒:同第二道菜一起服务。

(3) 清理第二道菜餐具:待全桌宾客用餐完毕,撤走餐具及酒杯,除非另有规定。

5. 主菜服务

(1) 服务主菜:清理完第二道菜的餐具后 10 分钟内进行。

(2) 服务主菜用酒:酒杯在上主菜前服务,上菜后递酒、开瓶、倒酒。

(3) 清理主菜盘及餐具:宾客用完主菜后清理主菜盘、旁碟、空杯等,只留水杯或饮料杯,撤换桌上烟缸。

(4) 清理调料:撤走所有调料,如盐、胡椒、西红柿等。

(5) 清扫桌上面包屑:用刷子将桌上面包屑扫进餐盘,而不是扫到地上。

6. 餐后服务

(1) 布置甜品餐具:摆上甜品盘、甜品叉、甜品刀、茶匙。

(2) 布置服务咖啡或茶的用品:摆上乳脂、糖、牛奶等以及热杯与杯碟。

(3) 服务甜品:清理完主菜餐具后 15 分钟内进行。

(4) 服务咖啡或茶:服务甜点后或与甜点同时服务。

(5) 清理甜品盘:在全部宾客用餐完毕后进行。

(6) 服务餐后饮料:宾客点完饮料后 10 分钟内进行。

(7) 加满咖啡或茶:应主动询问宾客是要咖啡还是茶,并为宾客加满咖啡或茶,不要等宾客要求时再加。

7. 收尾工作

(1) 呈递账单:闲暇用餐服务,要等宾客要求时呈递;快速用餐服务,要在上完主菜或者加咖啡、加茶时呈递。

(2) 收款:应根据餐馆规定收取现金、信用卡、旅行支票、个人支票等。

(3) 送客:当宾客离开时要说:"谢谢光临,很高兴为您服务,欢迎再次光临"。

实训项目 ▶

1. 冰水服务

作业项目	作业程序	说明/标准
清洁用具	①服务用的水扎、冰桶、冰夹需打磨光亮,保持清洁,无污迹、水迹和指印； ②冰桶要放在叠好的口布花内； ③托盘上要垫放干净的口布。	用具必须保持清洁,无污迹、水迹和指印。
准备冰水	①开餐前15分钟准备好冰块和冰水,并放在服务边柜上； ②存放冰块的冰桶和冰水的水扎,表面应保持清洁。	准备时间太长会导致冰块融化,时间太短则会导致准备工作紧张。
服务冰水	①服务时使用托盘； ②冰桶置于托盘内左侧,冰夹卡在冰桶边缘靠服务员一侧,水扎置于托盘内右侧,握柄朝向服务员一侧； ③用右手从宾客右侧按照"先宾后主,女士优先"的原则,以顺时针方向依次服务； ④服务时要动作轻缓,勿使水溅出杯外；水面停至离杯口约2 cm处为宜； ⑤根据宾客需要,随时添加。	以八分满时为宜,随时添加。

2. 开胃酒服务

作业项目	作业程序	说明/标准
准备开胃酒	①如宾客在等候间就座,需准备口布和杯垫； ②根据宾客的点单准备吸管和搅棒； ③将盛放酒的酒杯放于托盘右侧,盛放配酒的特制玻璃扎放于托盘左侧。	

作业项目	作业程序	说明/标准
服务开胃酒	①服务开胃酒时,用右手从宾客右侧,按照"先宾后主,女士优先"的原则,以顺时针方向依次服务; ②倒配酒时需询问宾客所需的酒量; ③给宾客倒完酒后,需要用搅棒为宾客调和均匀,然后把配酒和搅棒放在一旁,示意宾客开胃酒已调好; ④再次为宾客服务开胃酒时,需准备新的酒杯和配酒。	

3. 面包服务

作业项目	作业程序	说明/标准
准备面包车	①将面包车用适合的台布铺好,并用台裙围绕; ②准备两个大面包篮,其中垫入干净口布; ③准备一块切板置于服务车一侧; ④准备一把大面包刀,置于面包篮右侧,刀握把朝向切板; ⑤准备一副服务叉勺,叉在上,勺在下,叠放在面包篮左侧,叉勺握柄朝向切板; ⑥将一块干净口布对角叠两次呈三角形,放于切板上,长边朝向服务员右侧。	服务员工作前按酒店要求洗手。
准备面包	①领取面包; ②面包必须充足、新鲜; ③把可以直接给宾客服务的面包置于离宾客较近的面包篮中,分类码放整齐; ④将需切开服务的面包置于切板一侧的面包篮中,分类码放整齐。	直接服务和切开服务的面包需各准备三种以上。

作业项目	作业程序	说明/标准
服务面包	①从宾客左侧按照"先宾后主、女士优先"的原则,以顺时针方向询问宾客选用何种面包; ②直接给宾客服务的面包需用服务叉勺轻轻夹起放入宾客面包碟内,并用礼貌语示意; ③需切割的面包应先用口布包住,置于切板上,先切去头部,再切割成片(法国面包除外),每片厚度不超过1.5 cm,每次服务不超两片; ④法国面包按斜角45°方向切割成菱形,每次宽度不超过4 cm; ⑤切割面包时,取放均需用口布包裹面包,不允许用手直接接触面包。	服务时需用服务叉勺递放面包。
整理面包车	①面包应及时添加,并使用口布包裹束放; ②随时把面包车和切板上的面包屑清理干净; ③工作结束时,把未使用的面包及时送还面点厨房。	

4. 黄油服务

作业项目	作业程序	说明/标准
准备黄油碟	①按宾客人数准备充足的黄油碟; ②黄油碟要保持清洁,无污迹、水迹。	
准备黄油	①根据餐厅预定和近期营业情况,开餐前从厨房取回厨师准备好的黄油球; ②将黄油球放入冷柜,保持黄油不溶化; ③准备一副服务叉勺放在黄油的附近。	黄油必须符合食品卫生标准且经过冷冻,可直接服务宾客。

作业项目	作业程序	说明/标准
服务黄油	①用服务叉勺将黄油叉起放入碟中； ②用托盘从宾客右侧按照"先宾后主、女士优先"的原则，以顺时针方向依次服务； ③黄油碟应放在面包刀正前方，刀尖离碟边约1.5 cm； ④每个黄油碟盛放两个黄油球； ⑤添加黄油时，先将用过的黄油碟拿起放入托盘，再将新黄油碟放入原位。	服务时用礼貌语言示意宾客。
撤换黄油碟	①撤换黄油碟时使用托盘； ②在宾客用完主菜后，黄油碟随面包一起撤下。	黄油碟要轻拿轻放，防止剩余黄油落到台面或宾客身上。
送还与保存黄油	用餐完毕，把剩余的黄油迅速送至厨房，放入冰箱保存。	

5. 小头盘服务

作业项目	作业程序	说明/标准
准备小头盘	①在厨房准备好小头盘； ②根据宾客所订小头盘所需制作时间的长短，确定小头盘的服务时机； ③了解小头盘的名称。	
服务小头盘	①服务时从宾客右侧按照"先宾后主、女士优先"的原则，以顺时针方向依次服务； ②服务时报出小头盘的名称。	
撤下小头盘	宾客食用完毕或停止使用时，应主动询问宾客是否可以撤下，如宾客同意，则从宾客右侧连同使用餐具一同撤下，放于左手的托盘内。	

6. 主菜服务

作业项目	作业程序	说明/标准
传菜	①传菜员负责从厨房取菜； ②根据宾客进餐的进度，于服务前5～10分钟到厨房通知厨师要准备的菜肴，并告知菜肴所属宾客的台号； ③核对制作完成的菜肴的数量、火候、特殊要求和所配的调味汁是否与点菜单上的要求一致； ④把菜肴整齐地放在服务桌上，热菜需加盖保温，乘放调味汁的银盅应放在垫有花纸的盘上； ⑤把服务车平稳地推回餐厅，确保汤汁没有溅出，菜肴在盘中没有移位； ⑥同一桌宾客的菜肴必须同时取出； ⑦不得事先取回热菜摆放于餐厅内； ⑧把取回的菜肴清楚地交给当班服务员。	食用西餐时，通常是吃完一道撤盘后再上第二道，要注意之间的间隔时间不能太长，同桌的宾客应同时上菜。
上菜	①传菜员协助当班服务员把放有食品的服务车推至宾客台旁； ②服务员礼貌地示意宾客，提醒宾客注意； ③上菜时用右手拇指根部卡住盘边，从宾客右侧按照"先宾后主、女士优先"的原则，以顺时针方向依次服务； ④向宾客说明菜肴的名称； ⑤同时取下所有菜肴上的保温盖； ⑥如盘子很烫，需礼貌地提醒宾客注意； ⑦预祝宾客用餐愉快。	上菜时动作要轻，并保证所有菜的摆盘方向相对于宾客一致。

作业项目	作业程序	说明/标准
调味汁和配料服务	①主动介绍调味汁和配料的名称,并询问宾客调料放于盘中的位置; ②左手拿住盛放有调料的盘,右手使用勺; ③服务中应避免调味汁和配料洒落在台面和宾客身上。	从宾客左侧服务。
鲜胡椒服务	①服务员右手握住胡椒磨,右手转动磨的顶部,同时询问宾客胡椒的用量; ②停止服务时,需轻调胡椒磨顶部,防止胡椒散落到盘外; ③离开时再次祝宾客用餐愉快。	从宾客右侧服务。

7. 现场分切牛扒、羊扒

作业项目	作业程序	说明/标准
准备工作	①从厨房取回烹制好的牛扒、羊扒和配菜; ②准备分割切板、刀叉、服务车; ③准备与宾客人数相应的已加热的主盘。	切板、切肉刀、服务叉勺、服务车要保持无污迹、无异物,清洁光亮。
现场分切 (以两人用餐为例)	①现场分切由两名服务员操作; ②一名服务员将配菜用服务叉勺装于主盘盘头的一侧; ③另一名服务员将肉取放到切板上,左手用叉轻压住肉的一侧,然后右手用刀将肉分切成六份,分切要均匀; ④将肉三片为一份,整齐地码放于主盘内; ⑤将装配好的盘盖上盖,端送至宾客面前; ⑥上完菜后,立即服务各种汁、配料和新鲜胡椒。	使用锋利的刀,分切时动作要轻,以免血水流出影响肉质。

8. 更换餐具和撤盘服务

作业项目	作业程序	说明/标准
准备餐具	①对照订单准备好宾客所需的餐具; ②将餐具整齐地码放于铺有干净口布的托盘上。	餐具应清洁光亮,无污迹、水迹、指印。
更换餐具	①更换前礼貌地向宾客示意; ②从宾客右侧按照"先宾后主、女士优先"的原则,以顺时针方向依次服务; ③先将宾客进餐中不使用的餐具撤掉,再将宾客所需的餐具摆放好; ④一次最多只允许撤换两件; ⑤持餐具时食指和拇指只能捏握餐具的柄; ⑥根据宾客所订菜肴的服务的先后次序,从宾客两侧由外及里码放餐具。	餐具要及时更换。
撤盘(碟)	①当宾客用餐完毕不再食用盘中的食品时,应询问并示意宾客:"先生/女士,我可以撤去餐盘吗?" ②不能单独撤下个别进餐较快宾客用过的餐碟(除非宾客要求撤),以免使其尴尬,应等整台宾客都吃完一道菜后同时撤碟。 ③如碟中上有余菜,需先征求宾客意见再撤盘(碟)。 ④从宾客左侧按照"先宾后主、女士优先"的原则,以顺时针方向依次服务。 ⑤撤下的盘应交与右手,不允许将撤下的餐盘直对宾客。	①每道菜后都要撤走用过的餐具; ②每次撤盘不得超过4个; ③撤盘动作要轻,不得碰撞,以免打扰宾客。
撤酒杯	①使用托盘,将杯类从宾客右手边收掉; ②在上完咖啡和茶后,桌上仅留水杯及香槟杯,其他杯子一律撤走。	

作业项目	作业程序	说明/标准
撤换烟缸	①西餐就餐过程中一般不允许吸烟,宾客要待餐后或喝咖啡等饮料的时间,并在女宾许可下才能吸烟,此时,服务员应主动为宾客点烟,并随时撤换不超过3个烟蒂的烟缸; ②撤换烟缸时,应左手托盘,将干净的烟缸整齐地叠放在托盘内,行走至需撤换烟缸的餐盘旁,轻声说:"对不起",以示提醒; ③用右手将干净烟缸覆盖在脏烟缸上,一起移入托盘,再将另一只干净烟缸放回餐桌原处,并再次说"对不起"以示对打扰宾客的歉意。	

9. 奶酪服务

作业项目	作业程序	说明/标准
准备奶酪	①开餐前检查冷菜,厨房是否已准备好奶酪展示盘; ②了解奶酪库存的情况; ③准备好主盘、主刀叉、饼干和法国面包; ④准备好客用餐具、小刀叉、面包盘、黄油碟和盐瓶。	
服务奶酪	①把奶酪盘向宾客展示,以供挑选,并说明各种奶酪的名称; ②用大刀叉将宾客挑选的奶酪切成三角形; ③配盘时每盘奶酪为3~4块,另配有水果、蔬菜条和饼干; ④服务时站在宾客右侧按照"先宾后主、女士优先"的原则,以顺时针方向依次进行; ⑤服务完毕,及时询问宾客是否需要法	

作业项目	作业程序	说明/标准
服务奶酪	国面包或红葡萄酒佐餐； ⑥离开时预祝宾客用餐愉快。	

10. 甜品服务

作业项目	作业程序	说明/标准
准备	①准备好甜品车； ②准备好甜品菜单； ③准备好用于现场制作甜品的烧车； ④准备好甜品叉和甜品刀。	①清洁、检查甜品车，确保车辆整洁、牢固、无破损； ②在车辆的各层隔板上铺垫干净的口布。
订单	①开餐前15分钟，把厨房备好的甜品取回，按颜色、式样搭配好，放于车顶部上下两层隔舱内，将甜品推至宾客桌前展示； ②将甜品菜单呈上，向宾客介绍甜食车上的甜品和菜单上的甜品； ③记下宾客的选择和特殊要求； ④询问宾客是否同时需要咖啡或菜。	主动向宾客介绍并推荐特色甜品。
服务甜品	①将宾客享用甜品时所需餐具摆在餐台上； ②待宾客确定品种后，小心切取甜品，装入甜品盘，注意不要让渣屑和汁液掉落于车上和地毯上； ③把甜品盘小心摆放在宾客面前的台面上，糕点尖部朝向宾客； ④服务时用右手从宾客右侧按照"先宾后主、女士优先"的原则，以顺时针方向进行。	同桌宾客的甜品须同时服务。
整理甜品车	①餐后从车中取出甜品，送还厨房，动作要小心，勿弄脏车辆和地毯； ②彻底清洁甜品车。	

11. 咖啡、茶及糖、奶服务

作业项目	作业程序	说明/标准
清洁咖啡壶	①用柠檬汁、冰和盐清洗咖啡壶,可以去除咖啡垢; ②把冰放在玻璃的咖啡壶前,要确保壶温不至过热,以防咖啡壶爆裂; ③搅拌几分钟后倒掉壶里的东西,送洗餐间清洗; ④用上光剂擦拭银质的咖啡壶; ⑤最后用水冲洗掉咖啡壶上残留的上光剂。	①如果咖啡壶放在炉子上加热太长时间,会在壶底形成咖啡垢; ②晚班结束的时候,要把咖啡壶送到洗餐间清洗。
准备	①准备好咖啡具、茶具、糖罐、奶盅和咖啡机; ②准备好各种茶; ③准备好咖啡勺; ④准备好新鲜的小甜品、甜品盘及甜品叉、花纸。	
咖啡、茶的服务	①把干净的咖啡具摆放在干净的主托盘上,而后置于宾客台面上,从宾客右侧服务; ②如宾客只喝咖啡、茶,杯具应放于宾客正前方; ③如宾客同时食用甜品,杯具应放于宾客右手侧; ④确保宾客能用上新鲜、滚热的咖啡与茶; ⑤服务时用右手从宾客右侧按照"先宾后主、女士优先"的原则,以顺时针方向依次进行。	咖啡、茶倾倒至杯的3/4处为宜。

作业项目	作业程序	说明/标准
糖、奶的服务	①给宾客服务完咖啡、茶后需服务奶、糖; ②用左手端盘从宾客右侧询问糖、奶的用量; ③给宾客杯中加入糖、奶; ④服务完毕后将糖、奶放于台面便于宾客取到的位置。	
甜品的服务	①小甜点应放于铺有花纸的甜品盘上,摆放要整齐、美观; ②服务时需示意宾客; ③将甜品盘放于糖罐、奶盅的旁边。	对于餐厅内用餐完毕的宾客在饮用咖啡、茶时需服务甜品。

12. 为分单的宾客服务和结账服务

作业项目	作业程序	说明/标准
确定宾客是否分单	①服务员为宾客订完饮料和食品后,应礼貌地询问宾客是否分单; ②如宾客需要分单,应询问其分单的形式,并在点菜单上记录分单情况,写清分单顺序,记录宾客所就座的位置。	当两位以上的外国宾客光临消费时,应确定宾客是否需要分单(夫妻和家庭除外)。
填写点菜单	①为宾客服务所订食品和饮品; ②对照点菜单将分单宾客所订食品和饮品分别重新开具新的点菜单,在每张点菜单中分单宾客所订食品和饮品划上横线以标明分单的顺序,最后在落款处注明"分单"字样; ③将开好的已作分单字样的点菜单交给后台和收款员,并在每张的后面说明"A""B"或(1)(2)……以示区分; ④将需要分单宾客的分单顺序告诉领班及其他服务员。	

作业项目	作业程序	说明/标准
为宾客添加饮品	①注意宾客是否喝完饮料,主动询问宾客是否需要添加,并将所有添加饮料的费用随时记入由该宾客分付的账目中; ②仔细观察并牢记宾客所坐的位置,避免由于座位记录有误而开错结账单。	
结账	由开具原点菜单的服务员为宾客办理结账。	

案例

宾客喝洗手盅的水

1815年的6月,英军总司令惠灵顿公爵率军在滑铁卢战役中大败拿破仑,对扭转战局起了关键性作用。凯旋而归后在伦敦举办了一个隆重而盛大的庆功宴会,在惠灵顿公爵的宴会邀请名单中有英国各界的社会名流、贵族绅士,值得一提的是,他还特意邀请了不少征战沙场的军官与士兵。

庆功宴的气氛十分热烈,菜肴也十分丰盛,宾主觥筹交错,笑声不断。到了快上甜品的时候,宴会侍从们给每一个人都端上一碗清水。不少农家出身的军人都不知道这碗水是干什么用的,有一位士兵竟将水端起来喝了一口,一时不少绅士淑女们偷笑起来,很快将这个笑话传遍了宴会厅。原来,这是洗手盅,是在吃甜品前清洁手的。那位士兵并不清楚这个规矩,误以为是喝的水,经人指点之后,有些窘迫不安。

突然,惠灵顿公爵端着这碗洗手水站起身来,高声说到:"女士们、先生们,这位冲锋陷阵的战士已先行作了表率,就让我们端起这碗饱含战士深情的'美酒',同这位英勇的战士一起,为了英国,干杯!"话音刚落,宴会厅里响起一阵热烈的掌声,宾客纷纷起身,举碗同饮,宴会气氛达到了高潮。

请思考

发现宾客喝洗手盅的水时怎么办?

葡萄酒的搭配艺术

今天西餐厅的小马接待了四位年轻人,从穿着谈吐上推测他们是刚工作不久的公司白领。他们有些拘谨地坐着,试着摆弄面前的刀叉,估计是来体验西餐的。小马非常热情地为他们点菜、点酒。一位年轻人前菜点了生牡蛎,接着好奇地问:"听说生牡蛎要配夏布利酒,有什么讲究吗?"小马想了一下,简短地回答说:"搭配生牡蛎最适合的酒就是果香丰富又有爽口酸度的白葡萄酒了,比方说像是夏布利(Chablis)、缪士喀德(Muscadet)或是桑塞尔(Sancerre)这三个法国著名白葡萄酒产区的酒。"年轻人又问:"好像从哪篇美食杂志上看到,说高级的夏布利酒还不能和新鲜的牡蛎搭配在一起,这样会使牡蛎显得很腥臭。为什么?"小马又耐心地回答:"这些几乎没经过什么料理只淋上一些柠檬汁的新鲜牡蛎,一般搭配比较有酸度而不甜的白葡萄酒,而太贵的夏布利有菠萝、洋梨等香甜味,与新鲜的牡蛎口味不搭配,因此用便宜的夏布利就可以了。如果觉得腥臭,可以用黄油或橄榄油将牡蛎做熟,配以稍微浓厚一点的酱汁,但酱汁太浓厚了会尝不到鲜味了。"四位年轻人听得很专心,非常满意小马的专业化服务。随后在用餐过程中,小马也一直关照着他们,适时提供帮助。后来用完餐临走时,他们感叹道原来西餐有这么多搭配的讲究啊,多亏有小马,让他们增长了很多见识,下次还要来这里。

评 析

餐饮服务员只有掌握了丰富的业务知识,才能提高服务质量,如果宾客对服务质量不满意,酒店有再好的产品也卖不出去。

第六章 宴会服务

图片来源:成都岷山饭店

第一节
宴会的准备工作 ▶

图片来源:成都凯宾斯基饭店

基础知识 ▶

宴会准备的主要工作:

(1) 确定人员。根据宴会活动的人数和要求,提前配备参加宴会的服务员。配备原则是一般宴会按1桌宾客配1名服务员,规格较高按1桌宾客配2名服务员,自助餐、酒会按10名宾客配1名服务员。

(2) 准备用具和酒水。根据宴会的要求,通知管事部提前准备所需餐具,对其他用具、用品要根据需求提前提货、备好。由主管根据宴会人数、要求以及菜单内容,负责安排、检查准备的餐具、用具(品)和酒水。

(3) 召开例会。主管负责召开宴会前的例会,掌握宴会订单、菜单情况并向服务员讲明注意事项和具体要求;细分各服务区负责人及贵宾席、主宾席、休息室的服务员及其他各岗位的人员名单;安排服务员具体工作内容,提出质量和效率要求。

(4) 培训。提前对所有参加服务的人员进行培训,使每个服务员都能准确掌握宴会活动的各项内容细节和安排,了解自己的具体工作内容、工作方法、质量和效率要求。

（5）演练。由领班负责进行实际操作示范，全体服务员进行实地演练，及时解决演练中发现问题。

实训项目

1. 宴会预订

作业项目	作业程序	说明/标准
热情接待	①预订员应热情、礼貌地接待每一位前来预订宴会的宾客； ②宾客前来办理预订时，应起身相迎，请宾客入座后奉上茶水，自报姓名和职务后询问宾客姓名； ③如宾客是电话预订，应在电话铃声响三声内接听，主动问好，自报身份后询问宾客姓名和是否需要帮助； ④在得知宾客姓名后，应以姓尊称宾客。	在宾客询问前，应提前掌握各餐厅的状况（面积、高度、装饰、最大客容量、各类宴会标准所提供的菜肴品种、烹调方法等），做到心中有数。
仔细倾听	①当宾客讲述宴会要求时，要认真倾听，并做好记录，不要随意打断宾客的谈话； ②应主动介绍酒店宴会设施和菜单，做好推销工作，并耐心回答宾客所有提问。	
认真记录	①向宾客了解所有同该预订宴会有关的要求，如举行日期、人数、形式、每人的消费标准等，以及所需提供的额外服务和物品（如专门的迎宾员、横幅、音响系统和鲜花等）； ②宾客决定订餐后，预订员填写宴会工作单（一式四联），填写清楚订餐单位、宴会日期、人数、菜肴种类、酒水、支付方式等内容，填写完毕应复述以	

作业项目	作业程序	说明/标准
认真记录	上信息征得宾客的确认； ③对未确定下来的宴会,与经办人保持联系,以求最终确定； ④对已确定的宴会,应在宴会举办前与经办人联系,及时了解变更信息。	
收取订金	①如果宾客用信用卡付账,应留下宾客信用卡号码,以担保预订； ②如果不是协议单位的宴会预订,宾客到餐饮部当面预订都应收取一定比例的订金,协议单位的宴会预订,不收取订金。	
确认和通知	①在宴请活动几天前,宴会预订员应主动与订餐人或经办人联系,进一步确定以谈妥的所有事项,确认后将填好的四联宴会工作单送往各有关部门,第一联白色联交厨房,第二联黄色联交计财部审计班组,第三联红色联交餐饮部营业点,第四联蓝色联由餐饮销售部留存备查； ②若确认的内容与原预订有异,餐饮销售部应在宴会开始四小时之前及时将有关宴会变更信息通知各相关部门。	
督促检查	餐饮销售部经理在宴会活动举行的当天,应督促检查大型宴会活动的准备工作,及时纠正发现的问题。	
信息反馈并致谢	宴会活动结束时,销售代表应主动向宴请主办单位或主办个人征求意见,及时补救改进发现的问题,并向他们表示感谢,以便今后加强联络为进一步合作奠定基础。	

作业项目	作业程序	说明/标准
建立宴会预订档案	①将宾客的有关信息和活动资料整理归档,尤其是宾客对菜肴、地理位置等的特殊要求; ②对常客,更要收集详细资料(如场地布置、菜单、有关信息),以便下次提供针对性的服务。	

2. 宴会前例会

作业项目	作业程序	说明/标准
召集人员	开餐前1小时,召集所有参加服务的人员开会。	所有服务人员应准时参加。
检查仪容、仪表	①仪容、仪表的总体要求是:容貌端正、举止大方,端庄稳重、不卑不亢,态度和蔼、待人诚恳,服饰庄重、整洁挺括,打扮得体、淡妆素抹,训练有素、言行恰当; ②制服必须干净、整齐、挺括,无破损; ③工作鞋保持鞋面干净、完好,袜子无破损、无跳丝; ④双手必须干净无污迹,指甲剪短,不得涂指甲油; ⑤工牌佩戴必须保证平整。	①整理好仪容、仪表,保持良好的精神状态,不倚不靠,列队等候; ②注意细节,如指甲、鞋、袜等。
讲解	①由经理或领班对参加服务的人员讲解宴会的内容和注意事项,包括人数、时间、地点、宴会形式、服务方法、食品和饮料、参加宴会的重要宾客、以及宾客提出的特殊要求; ②由宴会主厨讲解宴会菜单内容与特色; ③服务员认真听取和记录当餐宴会内容、要求,接受分配的工作任务,做到	①对大型宴会和高规格宴会应提前对当班服务员进行培训和模拟服务,以确保质量与服务要求; ②"八知":知宴会台数、人数,知开餐时间,知宴会菜品,知

作业项目	作业程序	说明/标准
讲解	"八知""三了解",留意特殊菜品的上菜要求。	上菜程序,知主人身份,知宴请对象,知结账方式,知优惠内容; ③"三了解":了解宾客的风俗习惯,了解宾客的生活忌讳,了解宾客的特殊要求。
分配工作	①由经理或领班向每位服务员分配具体工作并讲解时间、质量方面的标准; ②指定各工作环节的检查负责人。	接受分配工作。

3. 检查设备设施

作业项目	作业程序	说明/标准
检查餐厅地面及楼面	检查餐厅地面及楼面。	①餐厅地面及墙面清洁无污; ②餐厅地毯清洁、无破损,连接处平整。
检查空调	开餐前1小时,检查空调情况,检验是否正常运作。	室温保持在 22～24℃。
检查灯光照明	开餐前1小时打开所有照明设备,如发现故障,立即通知工程部维修更换(电话通知后补请修单),保证开餐时所有照明设备工作正常。	对室内各种灯具逐一进行检查,要求灯具完好,灯光亮度适中,无坏灯泡。
检查电视、音响、背景音乐	①调好频道、音量,检查麦克风和遥控器; ②开餐前半小时打开背景音乐开关。	①电视调至固定频道,画面清晰,音量适中; ②麦克风和遥控器完好,可正常使用。

作业项目	作业程序	说明/标准
检查窗帘	拉动窗帘,检查窗帘各部位。	轨道运行顺畅,窗帘整体垂挂均匀,干净、无污迹、无破损。
检查香巾柜	接通电源,打开开关。	检查香巾柜能否正常升温。
检查桌椅、备餐台	①检查桌椅平稳无晃动,完好无损、干净无污; ②检查备餐台是否完好,符合宴会要求。	桌椅稳固,无毛刺、无破损。
检查宴会预订摆台	①所摆餐位要符合宴会预订人数; ②检查宾客宴会中,英文菜单是否正确; ③鲜花要插制美观; ④宴会指示牌干净且内容正确。	

4. 了解宴会订单

作业项目	作业程序	说明/标准
了解订单	①通过订单了解宾客的情况:宾客姓名、公司名称、地址、联系电话、抵达时间、日期等; ②了解宴会方面的内容:宴会人数、宴会形式、宴会地点、价格和付款方式、宴会的台形(包括规模、类型、台布和台裙的颜色等)、菜单(食品和饮料方面的细节); ③仔细阅读以明确宾客是否有其他要求,如横幅、麦克风、乐队、贵宾室的安排等。	宴会销售部或酒店销售部接到宴会预定后都会签订宴会订单,以了解宴会订单所有的细节。

作业项目	作业程序	说明/标准
了解宴会变更单	如果宴会有变更,要按变更后的要求准备和服务。	有时宾客在预定宴会后,会对宴会的要求有所改变,这时会写"宴会变更单"。

5. 宴会布局

作业项目	作业程序	说明/标准
设计台型	根据餐厅大小、形状、宴会规模、设备设施条件、宾客要求做台型设计。	美观、合理,符合并满足宴会要求。
布置台型	①根据台型设计图将餐桌整齐排列成型; ②桌与桌之间距离适中,松紧适度,以方便宾客就餐和服务员服务; ③桌布折缝呈一条线,横列纵列餐椅要呈一条线,瓶花台号呈一条线。	布局合理、美观整齐。
设计主桌	①主桌面向会场的主门,居显著位置; ②主人和主宾入席、退席通道为主通道; ③主桌的台布、餐椅、餐具、花草装饰与其他桌要有区别。	能够纵观全局、突出主位。
布置美化会场	①按宴会预定要求、标准布置美化宴会会场,调试好音响、麦克风等; ②如宾客请有婚庆等礼仪公司负责布置会场,则应全程跟进,做好协调督导,并要求在规定时间内完成。	宴会主席台背景、会场氛围、灯光,麦克风符合宴会要求。
安排备餐台	根据宴会要求合理设置备餐台。	设置合理,每个备餐台、服务餐台应加以明确。

6. 准备宴会物品

作业项目	作业程序	说明/标准
领取餐具	①根据宴会订单的人数及菜单,从管事部领取所需数量、规格和各种的餐具; ②要求餐具洁净光亮、完好无损; ③除备齐宾客必用餐具外,还要准备一定数量的备用餐具,以防个别宾客在特殊情况下换用。	一般的宴会小件餐具每客至少备3套,较高级的宴会每客要备5～6套,备用餐具一般占总数的1/10即可。
擦拭餐具	服务员将所有餐具都要进行擦拭,以达到光、洁、干的要求。	
摆放餐具	①将擦拭干净的餐具按不同种类整齐摆放在大托盘里备用; ②各类玻璃器皿、瓷器要整齐摆放,避免碰撞。	
准备其他用具	①准备相应数量的洁净口布和台布; ②准备相应数量的火柴、牙签和菜单; ③准备足够的服务托盘,确定大、中、小服务托盘的需要比例; ④准备相应的装饰品。	①台布、鲜花或花瓶要按台数准备; ②烟缸、牙签等物一般按四客一套准备; ③口布按宾客人数准备,并要有一定数量的备用口布; ④香巾应按每客两条准备。

7. 中餐宴会的备餐台准备

作业项目	作业程序	说明/标准
确定备餐台	根据订单的人数、宴会的规格和菜单所需的各种餐具、用具的数量,确定备餐台的位置和大小。	检查备餐台的清洁卫生。

作业项目	作业程序	说明/标准
台布准备	将干净的台布平铺在备餐台上。	
准备各种餐具和用具	①根据宴会规模与档次、宴会订单的人数及菜单的内容在一张备餐台上准备相应的餐具、用具,包括餐盘、汤勺、汤碗、茶杯、茶壶、服务勺、叉、刀、烟缸、酱油壶、水果叉、香巾托、托盘; ②在另一张备餐台上准备蜡烛台、酒篮、开瓶器、冰桶、冰夹等; ③将各种餐具、用具分类整齐地摆放在备餐台上; ④将香巾平整的放在香巾碟里,在开餐前半小时将香巾浸湿放入温箱开始加热。	
检查	对照订单检查所需各种餐具、用具。	全面检查各种餐具和用具种类、数量是否齐全、洁净,有无异物、破损。

8. 西餐宴会的备餐台准备

作业项目	作业程序	说明/标准
确定备餐台	根据订单人数、宴会的规模和菜单及所需各种餐具、用具数量,确定备餐台的大小和位置。	确保备餐台的清洁卫生。
准备台布	将干净的台布平铺在备餐台上。	
准备各种餐具、用具	①根据宴会的规模,准备适量干净的餐具、用具,包括汤碟、面包篮、甜品盘、水扎、咖啡壶、糖盅、奶罐、托盘、烟缸、蜡烛、花纸、口布、茶、面包、黄油、火柴等; ②汤碟需垫花纸,面包篮需垫口布花,糖盅、奶罐需放置在有花纸的甜品盘	

作业项目	作业程序	说明/标准
准备各种餐具、用具	上; ③将准备好的各种餐具和用具分类、整齐地码放在长台上。	
检查	对照订单检查所需各种餐具、用具。	全面检查各种餐具、用具种类、数量是否齐全、洁净,有无异物、破损。

第二节
宴会服务工作 ▶

图片来源:成都明悦大酒店

实训项目 ▶

1. 中餐宴会服务

作业项目	作业程序	说明/标准
准备	①宴会开餐前半小时,一切准备工作就绪;	上菜不重、不漏、看面朝向宾客。

125

作业项目	作业程序	说明/标准
准备	②服务员各就各位,迎宾员开门迎宾; ③提前30分钟上凉菜,上菜时注意荤素、味型、颜色的搭配并做好检查。	
迎宾	①所有准备工作结束后,确认开餐前30分钟进入工作状态,迎宾员站在大门口,服务员站在指定位置面向宴会厅门口准备迎接宾客; ②宾客到后,迎宾员应热情礼貌地问候,把宾客引进宴会厅或专用的休息厅休息; ③宾客到达宴会厅,服务员行35°鞠躬礼,并问候宾客,确认宾客参宴身份,按宴会规定座次图把宾客引入席; ④拉椅背用手示意宾客入座,左膝抵椅背往里送,至宾客舒适为好; ⑤接过宾客衣物,挂在椅背上,在征得宾客同意后,使用椅套将宾客的衣服、包套住,并提示"请保管好自己的随身物品!"	①精神饱满、站姿规范、提前进入状态; ②微笑、热情、使用敬语,拉椅顺序为女士、重要宾客、一般宾客、主人。
送巾敬茶	送上香巾,茶水服务,按照"先宾后主、女士优先"的原则,以顺时针方向从每位宾客的右侧进行服务。	操作规范,使用礼貌用语。
铺口布、撤筷子套	①逐位取口布扣,侧身向后解口布铺在宾客膝盖上; ②为宾客撤取筷子套。	动作规范,口布扣、筷子套及时存放归位。
宴会仪式	①在宾客到齐,征得主人同意后举行仪式; ②宴会开始前,主宾讲话致辞时,服务员应停止操作,通知暂停走菜,关掉背景音乐,肃立一旁或适当位置,用	提前了解宾客举办宴会仪式的时间、顺序、内容,确定服务项目并做好相应准备。

作业项目	作业程序	说明/标准
宴会仪式	托盘准备好1~2杯甜酒; ③讲话即将结束时向主宾送上一杯酒,并为无酒或少酒的宾客斟酒,供祝酒之用。	
服务酒水、饮料	①大型宴会,在征得主人同意后,提前10分钟斟预备酒; ②服务酒水应按以下顺序进行:先提供餐前开胃酒或鸡尾酒服务,再茅台酒服务,再白葡萄酒服务,征询主人意见后提供红葡萄酒服务,最后提供饮料及啤酒服务; ③按照"先宾后主、女士优先"的原则,以顺时针方向依次斟酒,主桌或高级宴会一桌有2名服务员时,可由1名服务员从主宾,另1名服务员从副主宾开始按顺时针方向斟酒; ④酒水放置在托盘中,商标朝向宾客,右脚朝前站于两宾客桌椅之间,左脚在后,左手持盘,右手持瓶,依序从每位宾客的右边斟酒。	①用手示意询问宾客喝何种酒,一定要保证宾客干杯时杯中有酒; ②斟酒量要均匀:白酒、啤酒、黄酒、饮料以八分满为好,红葡萄酒根据宾客要求八分满或五分满为好,白葡萄酒六分满为好,动作规范,斟酒时符合礼仪,不滴不洒。
招呼开席	①将主桌的花瓶和其他桌的花瓶、台号撤走,按规定在指定地点摆放整齐; ②楼面经理就出菜席数开单入厨并通知厨房走菜。	出菜时间在主人宣布宴会开始后,要保质保量按时出菜。
上菜	①按先冷后热、先荤后素、先咸后甜、先优质后一般的原则上菜; ②上菜先撤盘,调整台面,腾出上菜的位置,双手端盘,将菜上至转盘,并转至主宾处,退后半步报菜名并介绍其特点(或典故趣闻),上带盖的菜汤,菜上桌在征得宾客同意后将盖撤下;	①按照宴会菜单的顺序上菜; ②上菜位置,大型宴会一般在副主宾右边的第一或第二位宾客之间侧身上菜、撤盘,使用礼貌

作业项目	作业程序	说明/标准
上菜	③了解出菜速度，熟知菜品烹制方法、过程，结合宾客就餐快慢，掌握好上菜节奏，既不能造成空台又不能堆积过多； ④以桌为准，全场统一出菜，每道菜的间隔时间一般为4~5分钟。	用语，注意不要在主人、主宾身边进行，介绍菜时要生动简洁、声音清晰响亮。
分菜、派菜	①根据宴会规格和宾客要求进行分菜、派菜，并提供相应服务； ②派送菜品应从宾客的右侧，并按照"先宾后主、女士优先"的原则，以顺时针方向进行； ③菜取来后要先向宾客展示并报菜名，然后再分菜，分菜时应分配均匀，动作利落，不能有汤汁、菜食滴在餐碟外； ④如果菜单中有需用手去皮的菜品（如海鲜）时，上菜时应配洗手盅，吃完菜一同撤下。	掌握好分菜件数，份量均匀，汤不流失，分后留少许在盘中让宾客自取。
席间服务	①撤换餐具：分菜后，应撤换与装菜相同的碗、盘、碟，再行派送菜点；撤餐具时发现里面还有菜点，应礼貌征询宾客是否还要后，再做处理；上甜食时应撤换全部小餐具；应注意宾客用餐习惯，如宾客筷子放在骨碟上，换后将筷子放回原处；每吃完一道菜换一次骨碟；随时保持宾客前面的餐具与摆台数量基本一致，经宾客同意后方可撤走；动作熟练，手法干净，撤换餐具应分两次进行，并随时保持餐台清洁卫生。 ②斟酒服务：随时注意观察每位宾客酒	①随时观察用餐情况，掌握宾客用餐需求； ②做到"一快"：服务快，"三轻"：走路轻、说话轻、操作轻，"四勤"：勤巡台、勤问斟、勤换烟缸、勤换骨碟。

作业项目	作业程序	说明/标准
席间服务	杯,当宾客干杯或杯中酒只剩下1/3时应及时添加;记住每位宾客所饮酒水,在征询后随时添加。 ③换烟缸:宾客抽烟应主动点烟,注意火不要太高,以免烧伤宾客;注意添加和撤换烟缸,烟缸内有两个烟头就应及时更换;使用干净烟缸盖住脏烟缸一起撤至于托盘内,再把干净烟缸放置餐台上。 ④换香巾:做到客到递巾;上汤羹、炒饭后递巾;上虾蟹等用手抓菜后递巾;将用过的香巾及时收回;上香巾应使用香巾托,以避免弄湿台面。 ⑤宴会中,如主人起身离开座位去敬酒,应帮助拉椅,并将其口布的一角压在骨碟下;托酒跟在主人身后,以便为其续酒,所斟酒水应符合主人要求的品种。 ⑥宾客在进餐时,如餐具不慎落地,服务员应立即补上干净餐具,收起地上的餐具。 ⑦如宾客弄翻了酒具,污染了桌面或衣服,服务员应用湿香巾擦净台布,再用干净餐巾盖住桌面被弄脏处,必要时向宾客提供酒店的洗衣服务。 ⑧清理台面,换餐具,送上时令水果;先将甜食叉摆在垫碟的右侧,把水果盘从宾客右侧摆在垫碟上;待宾客用完水果后,从右侧将水果盘、甜食叉和垫碟一同撤下。 ⑨宾客餐毕,送上香巾,再上一道热茶,热茶水要从宾客右侧倒入杯中。	

作业项目	作业程序	说明/标准
送客	宴会结束时,服务员要为宾客拉开餐椅,然后站在桌旁礼貌地目送宾客离开,并欢迎宾客下次再来。	

2. 中餐宴会传菜服务

作业项目	作业程序	说明/标准
准备	①在传菜台右侧准备10个左右干净无损的长托盘及5个圆托盘,将干净的无氧化痕迹的银托整齐地摆放在传菜台的左侧,大银托10个,小银托20个; ②将干净无破损的20个中、小餐盘,20个小底碟,20把大汤勺,20个味碟整齐地摆放在备餐台上; ③上菜的调料、虾调料、大红浙醋等调料整齐地摆放在餐具的左侧。	
传送凉菜	①服务员将点菜单送到传菜班,传菜班接到点菜单后,检查点菜单是否签字,是否写清楚点菜时间、服务员姓名、宾客人数、台号、日期及出菜的速度等; ②传菜员应检查点菜单上宾客是否有特殊要求,如有应马上通知厨师长,并将结果告诉服务员; ③检查点菜单完毕后,首先将凉菜单送进凉菜间,并保证凉菜在做好后2分钟内送进餐厅供宾客食用; ④食品送进餐厅后,传菜员应准确告诉服务员菜肴的名称和台号,服务员复查后上菜。	①每一道菜从色、香、味、形、器上都要符合标准,不合标准的立即退给厨房; ②应保证食品新鲜,不变质; ③传菜员把菜送进餐厅后,餐厅服务员再次检查食品质量,保证食品的种类、分量与点菜单相一致后,再放在宾客的餐桌上。

作业项目	作业程序	说明/标准
传送热菜	①传菜员预计宾客用凉菜剩至1/3时，将热菜送进餐厅； ②川菜传菜顺序：高档菜（海鲜类）→鸡、鸭、肉类→蔬菜→鱼→汤→米饭，小吃相应配热菜送进餐厅，注意辛辣的小吃要配清淡的菜，咸甜的小吃要配辛辣的菜； ③粤菜传菜顺序：汤→高档海鲜类→鸡、鸭、肉类→蔬菜→鱼→炒饭类→甜品； ④川、粤菜搭配传菜顺序的基本原则是：粤菜汤先上，川菜汤后上，高档菜、海鲜类先上，先荤后素，川菜小吃穿插走，粤菜甜品殿后走。	如宾客有特殊要求，应按照宾客的要求传菜。
传送水果	宾客用完正餐后，将水果送入餐厅。	
撤下餐具	传菜员每传一道菜进餐厅后，必须将用过的餐具和服务柜上的杂物用托盘传送到洗碗间，然后再迅速回到传菜班。	
收尾工作	①托盘及餐具送管家部洗碗间进行清洗、消毒，具体操作按照《消毒作业指导书》上的要求执行； ②上菜的配料送厨房要进行妥善保管，以备下次使用； ③更换传菜台上的台布，送至洗衣房进行清洗。	

3．整鱼服务

作业项目	作业程序	说明/标准
准备	①准备一个干净无破损的打边炉，配装上充满气体的气罐，事先要检查气罐是否漏气，火焰是否正常；	

作业项目	作业程序	说明/标准
准备	②准备一个干净的餐盘,上面摆刀、叉一副,汤勺一把。	
鱼的展示及摆架	①服务员应站在主人的右侧,礼貌地说:"先生/女士,对不起,请小心一点"; ②将准备好的打边炉放在转盘上,再小心放上装鱼的特制鱼盘,放时注意鱼盘的平稳,鱼头向右,鱼尾向左,鱼肚向外,注意鱼肚不能指向主人,然后将汤汁和装有刀、叉、勺的餐盘放在转盘上。	
整鱼服务	①服务员站在主人右侧,压气将打边炉点燃,用中火煮至1~2分钟,待鱼完全熟; ②左手持叉,轻轻放在鱼头上,以免鱼在盘中滑动,右手持刀在鱼头与鱼身交接处切一刀,至鱼头与鱼身分开,然后在鱼尾与鱼身交接处切一刀,至鱼尾与鱼身分开; ③在鱼身有黑线处下第一刀,然后刀叉向右,横向划至鱼尾刀口处; ④用刀将鱼肉轻轻上下拨开,露出鱼刺; ⑤左手用叉持住鱼刺,刀往上挑,右手用刀协助,将挑起的鱼刺放在准备好的餐盘内,再将餐盘放在服务柜上; ⑥右手用刀将鱼肉拨开,使整条鱼恢复原状; ⑦服务员左手背在身后,右手为宾客指示,并说:"先生/女士,这是××鱼",按顺时针方向转动转盘一周; ⑧用刀将鱼肉均匀分成若干份。	将火苗调至最小处,宾客在用餐过程中,服务员随时给鱼盘里加汤汁。

作业项目	作业程序	说明/标准
撤下打边炉	待宾客用完鱼后,服务员应站在主宾右侧,将打边炉开关关掉,撤下餐台。	
询问意见	应主动询问宾客是否满意,对宾客提出的意见和建议表示感谢,并及时反馈。	

4. 西餐宴会服务

作业项目	作业程序	说明/标准
准备工作	①开餐前半小时,将一切准备工作做好; ②在水杯中注入4/5的冰水,点燃蜡烛; ③面包要放在面包篮里摆在桌上,黄油要放在黄油罐里; ④迎宾员把餐厅的大门打开,迎候宾客; ⑤服务员各就各位,站在各宴会桌边,面向门口方向。	
迎宾工作	①问候宾客,确认宾客参宴身份; ②引领宾客到位并为宾客拉椅入座; ③宾客坐下后从右侧为宾客铺上口布。	按照"先宾后主、女士优先"的原则。
酒水服务	一般情况下应先为主宾服务白葡萄酒或按宾客要求进行服务。	
头盘服务	①从宾客的右侧上菜; ②先给女宾和主宾上菜; ③宾客全部放下刀叉后,询问宾客是否撤盘,在得到允许后,从宾客的右侧将盘和刀叉一同撤下。	
汤服务	①把汤碗放在汤碟上面,从宾客的右侧服务; ②待多数宾客不再饮用时,询问宾客是否可以撤汤,在得到允许后,再从宾客右侧将汤碗、汤碟和汤勺一同撤下。	

作业项目	作业程序	说明/标准
红葡萄酒服务	①先请主宾试酒,然后再为其他宾客提供红葡萄酒服务; ②询问宾客是否还继续用白葡萄酒,如不用,可将白葡萄酒杯撤下。	
主菜服务	①进行主菜服务时,从宾客的右侧上菜; ②待宾客全放下刀叉后,上前询问宾客是否可以撤盘,在得到允许后,从客的右侧将盘和主刀叉一同撤下。	
清台	①用托盘将面包盘、面包刀、黄油刀和盐瓶、胡椒瓶全部撤下; ②用服务叉、勺将台面残留物收走。	
甜品服务	①先将甜品叉、勺打开,左叉、右勺; ②从宾客的右侧上甜品; ③在宾客全部放下刀叉后,上前询问宾客是否可以撤盘,得到的允许后,从右侧将盘和甜品叉勺一同撤下。	
咖啡、茶服务	①把糖盅、奶罐在餐桌上摆好; ②把咖啡杯放在宾客面前; ③用鲜热的咖啡和茶为宾客服务; ④礼貌诚恳地征询宾客的意见、建议。	
送客	宴会结束时,服务员要为宾客拉开餐椅,然后站在桌旁礼貌地目送宾客离开,并欢迎宾客下次再来。	

第六章 宴会服务

第三节
宴会结束工作

图片来源:成都凯宾斯基饭店

实训项目

1. 结账、送客服务

作业项目	作业程序	说明/标准
结账	①请宴会主办人一起分类清点酒水、烟的使用及剩余数量,询问宾客是将其留存在酒店还是带走; ②所有的账单和宴席预定单一同拿到	必须集中分类清点,并让宾客确认签字,用过的空瓶罐集中存放,以利于清点。

作业项目	作业程序	说明/标准
结账	银台汇总打单,将账单放至收银夹,请宾客结账买单前,双方应签字确认实际出菜桌数、优惠事项、收费标准,并按宴会预定单规定执行,账单要确认不错不漏,找补清楚; ③递上《宾客意见簿》征求宾客意见,银台收款或请宾客签单,并礼貌向宾客致谢。	
送客	①宴会结束,宾客起身准备离席,服务员应主动拉椅,留出退席的通道; ②取下椅套,提醒宾客有无遗留物品,帮助宾客穿外衣,将宾客送至宴会厅门,并向宾客致谢。	用语:"请各位带好你们的随身物品"、"请慢走"、"欢迎再次光临"。

2. 餐后收尾

作业项目	作业程序	说明/标准
撤桌裙	①把珠头针拔出,放入专用盒内; ②把桌裙整齐地挂在专做的挂钩上,放在指定位置。	折叠整齐,归类摆放。
收台	①对齐椅子,将布草收起; ②用托盘收台,把玻璃器皿放入托盘内,托至后台,并插入杯筐; ③把瓷器放入托盘内,托至后台,把牙签及大块物品(骨头及虾壳)捡起; ④用湿抹布擦转盘,再用干布擦一遍,将装盘从桌面移至椅边; ⑤卷起旧台布,换上干净台布,台布中缝线对大门,四周垂直部分与地面距离相等; ⑥把转盘放在桌面中间,放上花瓶。	
关闭电器	关闭空调、音响及部分照明。	节约用电。

第六章 宴会服务

案 例 ▶

存酒不见了

某天下午6:30左右,宾客许先生打电话到酒店餐饮部询问他的存酒情况。原来,徐先生是酒店的熟客,上周刚在中餐厅举办了招待客户的小型宴会,因为客户是南方客人,饮酒较少,所以还有剩酒。服务员小李接到电话后答复许先生:"请稍等一下,等查询后马上回复。"随后通知吧台,服务员小张接到电话后立即查询记录,发现许先生有存酒,于是小李马上用电话回复了许先生。晚上,许先生与朋友过来用餐,点完菜后提出取存酒(存酒是原度酒),服务员马上通知吧台。这时接到电话的服务员小赵立刻到存酒间查找,在查找过程中没有把存酒柜打开,而只是隔着玻璃看,结果没有找到,最后由餐饮部经理亲自上来查找,小赵非常紧张,一听到原度酒就慌了,因为他根本就不知道什么是原度酒。最后拿了一瓶没有标签的酒请许先生看是否是这款酒,许先生说不是,并表示不满,觉得酒店把他的酒"贪污"了。最后,吧台领班向其他同事仔细询问后,用钥匙把酒柜打开后认真查看了一番,发现许先生的存酒就在里面!

评 析

(1)为宾客提供存酒服务,是酒店推出的特色服务项目之一,深受顾客欢迎。实践证明,这项服务既可以吸引回头客,又可以为酒店树立良好的口碑。国家旅游局正式出台的"绿色饭店"标准,内容就包括提供存酒服务。但存酒和取酒要按照酒店的相关规定办理,交接工作必须到位。

(2)了解并掌握酒水知识是餐饮服务员为宾客提供优质餐饮服务的基础,只有熟练掌握了丰富的酒水知识,才能更好地为宾客服务,同时也会提高宾客的酒水消费,提高餐饮经营的经济效益。

100-1=0

一天,酒店宴会厅的服务接近尾声,因为餐前及餐中服务都很到位,用餐节奏和氛围也把握得较好,宾客非常满意。但在宾客用餐结束需要结账时,酒店却接连出现差错,导致宾客心情大为不悦,并最后提出严重投诉。

事情过程是这样的:宾客张先生是餐厅签单客户,当张先生给出签单单位,收银员只需核实,就可以作好相应优惠安排,但是由于张先生最近很少来餐厅用餐,收银员又是新员工,对签单客户信息查询的方法比较生疏,因此查询系统总是做出错误回答而无法查询;餐厅领班也因工作经验不足,不了解查询内容，误以为需要签单客户的信息才能查询，于是要求张先生留下详细信息、姓名及电话。当服务员再次向张生先询问详细信息时，张先生以为问题出在自己公司没有安排好，于是打电话责备其秘书吴小姐。当被冤枉批评的吴小姐打电话过来询问此事时，由于领班做了一些解释，以至于吴小姐觉得餐厅不仅不虚心接受意见、诚恳致谦，反而在寻找理由开脱。吴小姐非常生气，提出投诉。

请思考

造成此次投诉的原因有哪些？应采取哪些补救措施？

第七章
餐饮对客服务

图片来源:成都天之府温德姆至尊豪廷大酒店

第一节
餐饮服务礼仪

图片来源：成都银杏酒店管理学院

基础知识

一、餐饮服务礼貌用语

餐饮服务礼貌用语要做到"七声"、"十字"。"七声"即问候声、征询声、感谢声、道歉声、应答声、祝福声、送别声；"十字"即您好、请、谢谢、对不起、再见。

1. 问候声

"先生（小姐）您好！欢迎光临。"/"中午（晚上）好，欢迎光临！"/"欢迎您来这里进餐！"/"欢迎您！一共几位？请这里坐。"/"请跟我来。"

"请问先生（小姐）有预定吗？是几号房间（几号桌）。"

2. 征询声

"先生（小姐），您坐这里可以吗?"

"请问先生（小姐），现在可以点菜了吗?"/"这是菜单，请您选择。"

"请问先生(小姐)喜欢用点什么酒水(饮料)？我们这里有……"
"对不起,我没听清您的话,您再说一遍好吗?"
"请问先生(小姐)喜欢吃点什么？我们今天新推出……(我们的特色菜有……)"
"请问,先生还需要点什么?"/"您用些……好吗?"
"请问先生现在可以上菜了吗?"
"请问先生,我把这个菜换成小盘可以吗?"/"请问,可以撤掉这个盘子吗?"
"您吃得好吗?"/"您觉得满意吗?"/"您还有别的事吗?"
"现在可以为您结账吗?"

3. 感谢声

"感谢您的意见(建议),我们一定改正。"
"谢谢您的帮助。"
"谢谢您的光临。"
"谢谢您的提醒。"

4. 道歉声

"真对不起,这个菜需要时间,请您多等一会好吗?"
"对不起,让您久等了,这是××菜。"
"对不起,这个品种刚刚卖完,××菜和它的口味、用料基本相似。"
"对不起,我把你的菜上错了。"
"实在对不起,我们重新为您做一下好吗?"
"对不起,请稍等,马上就好!"
"对不起,打扰一下。"

5. 应答声

"好的,我会通知厨房,按您的要求去做。"
"好的,我马上安排。"
"是的,我是餐厅服务员,非常乐意为您服务。"
"谢谢您的好意,我们是不收小费的。"
"没关系,这是我应该做的。"

6. 祝福声

"祝您用餐愉快。"
"新年好!"/"新年快乐!"/"圣诞快乐!"/"节日快乐!"
"祝您新婚愉快。"

"祝您生日快乐。"
"祝您心情愉快。"

7. 送别声

"先生(小姐)慢走,欢迎下次光临。"
"先生(小姐)再见。"
"请慢走。"/"请走好。"

8. 餐厅其他礼貌用语

"请用茶。"/"请用香巾。"/"请您用酒。"
"您的菜上齐了,请品尝。"
"请您对我们的服务和菜肴多提宝贵意见。"

9. 礼貌用语注意事项

(1) 与宾客谈话时,注意面向宾客,笑容可掬,眼光停留在宾客眼鼻三角区,不应左顾右盼,心不在焉。

(2) 态度和蔼,能用语言讲清的尽量不加手势。

(3) 讲普通话,外语以英语为主,不使用污言秽语;语调亲切、热情、诚恳,不能粗声粗气或矫揉造作;说话要清楚流利,意思要表达准确,以对方听得到为准,讲话速度要低于宾客。

二、餐饮服务仪态

总体要求:站立端庄挺拔,行走自然优美,态度和蔼稳重、落落大方。

1. 站立姿态

(1) 自然大方,位置适当,姿势端正,双目平视,下颌微收,嘴微闭,面带微笑,两脚跟相靠,脚尖开度在 45~60°。

(2) 双腿并拢立直,挺胸、收腹、梗颈、提臀;身体重心线应在两腿中间,向上穿过脊柱及头部,身体重心主要靠双脚掌、脚弓支撑;双肩平行,自然放松;双臂放松,自然下垂于体侧或双手放在腹前交叉,不允许双手叉在腰间、抱在胸前;站立时不背靠旁倚或前扶它物。

(3) 站立时要防止身体重心偏左或偏右,站立时间长太累时,可变换为稍息的姿势,其要求是身体保持挺直,身体重心偏移到左脚或右脚上,另一条腿微向内前屈,脚部肌肉放松。

(4) 对于男服务员来说,站立时左脚向左横迈一小步,两脚之间距离不超过肩宽,以20 cm左右为宜,两脚尖向正前方,身体重心落于两脚之间,身体直立,双手放在腹部交叉,挺胸、收腹。

（5）对于女服务员来说，站立时双脚大致呈"V"字形，脚尖开度为50°左右，右脚在前，将右脚跟靠于左脚内侧前端，身体重心可落于双脚上，也可落于一只脚上，通过变化身体的重心来减轻站立长久后的疲劳，双手交叉于腹前。

2. 行走姿态

（1）身体正直，抬头，眼睛平视，面带微笑，肩部放松，手臂伸直放松，手指自然弯曲。

（2）双臂自然地前后摆动，摆动幅度为35 cm左右，双臂外开不要超过20°。

（3）行走时身体重心稍向前倾，重心落在脚掌的前部，腹部和臀部要向前提，由大腿带动小腿向前迈进；脚尖略开，脚跟先接触地面，着地后保持身体重心送到前脚，使身体前移；行走路线要成为直线，而不能是两条平行线。

（4）良好的步速反映出服务员主动积极的工作态度，男服务员每分钟应为110步，女服务员每分钟应为120步。

（5）服务员在餐厅行走一般不要求步幅过大，如果再加上较快的步频，容易让人产生一种蹿的感觉，男服务员的步幅以40 cm左右为宜，女服务员的步幅在30 cm左右即可。

（6）在酒店内行走，一般以靠右侧（不走中间）为佳，行走时尽可能保持直线前进；遇有急事，可加快步伐，但不可慌张奔跑；不能与宾客抢道穿行，因工作需要必须超越宾客时，要礼貌致歉；遇到宾客要点头致意，并说"您早"、"您好"等礼貌用语。

3. 手势

（1）动作规范、得体、适度，掌心要向上。

（2）打请姿时一定要按规范要求，五指自然并拢，将手臂伸出，掌心向上。

（3）不同的请姿用不同的方式，如"请进餐厅时"用曲臂式，"指点方向时"用直臂式，在服务中表示"请"用横摆式，"请宾客入座"用斜式。

4. 禁忌行为

（1）吸烟。服务员在宾客面前吸烟会使宾客感觉餐饮店的管理和卫生条件很差，对餐厅饭菜的卫生程度产生怀疑。

（2）掏鼻孔、挖耳朵。掏鼻孔、挖耳朵属于不文明的举动，也不符合卫生标准。

（3）剔牙齿。剔牙齿极易引起宾客的反感。

（4）打饱嗝。打饱嗝是不礼貌的行为，会使宾客感觉服务员缺少对其的尊重。

(5) 打喷嚏。打喷嚏会引起飞沫,进而传播各种疾病。

(6) 打哈欠、伸懒腰。打哈欠、伸懒腰会使宾客感觉服务员精神不饱满,进而对服务质量的满意度大打折扣。

(7) 抓头、搔痒。抓头、搔痒会引起宾客不满,并对卫生条件产生怀疑。

三、餐饮部员工行为准则 ▶

1. 基本原则

(1) 遵纪守法,执行制度,服从领导,听从指挥。

(2) 按时上班,接班者略为早到,以便交接;如接班者未按时上班,交班者不得擅自离去,以听候上级安排。

(3) 未经上级批准,不得擅自早退离岗、迟到或缺工。

(4) 站立服务,热情待客,说话和气,举止稳重,注意礼貌,竭诚为宾客服务。

(5) 听到批评,应冷静对待,若解释无效,则不再继续争辩,应速报主管,以求圆满解决。

(6) 与本职工作的无关事宜,不得随意作答,可告宾客向有关部门详询。

(7) 若宾客赠送钱物或礼品,不论数量多少,一律交公,不得瞒报和私分。

(8) 爱护酒店一切财物,不得以任何借口损坏设备和浪费财物,如有损坏应按价赔偿。

2. 员工自律细则

(1) 制服及仪容整理好后方可进入餐厅。

(2) 禁止在餐厅出现挖鼻、梳头、吐痰、修理指甲、吸烟、吵架、唱歌、吹口哨、插手入袋、叉腰、脱衣服、靠在墙边或工作台、坐在宾客椅子上等行为。

(3) 在餐厅内不得与同事交头接耳或谈笑。

(4) 在餐厅内与宾客或同事交谈应把音量降低,不要大声喧哗。

(5) 按标准站立,眼睛集中环顾以便随时为宾客提供服务;在餐厅内不得跑步,应用轻快的步伐。

(6) 不食用餐厅的食品,也不在餐厅就餐。

实训项目 ▶

1. 接听餐厅电话

作业项目	作业程序	说明/标准
接听电话	①电话铃响三声之内拿起电话； ②左手握住听筒，右手持笔。	酒店中餐厅电话的作用一是为宾客店内通讯联络，二是为餐厅接受餐位预订，服务员在听到电话铃响之后应该在三声之内提机回话。
问候宾客	①用清晰的语言、礼貌的语气问候宾客。 ②接电话应该首先报清餐厅名称并使用礼貌敬语"这里是××餐厅，您好！" ③表示愿意为宾客提供服务。	①语言清晰、流畅、简洁、规范，语调和蔼热情； ②及时报出餐厅名，以便宾客知道自己拨打电话是否正确。
倾听宾客问题并给予答复	①如宾客先报出自己姓名，应立刻礼貌称呼宾客姓名； ②仔细聆听宾客问题，准确掌握宾客问题内容，必要时，重述宾客提问，以获确认； ③如果自己有把握回答，应礼貌准确回答宾客问题。	解答问题时表述明确、言简意赅，如果需要对方侍候，要使用敬语。
结束谈话	①与宾客结束谈话时应向宾客说："感谢来电！" ②宾客挂断电话后，才可放下电话。	确认对方挂机后方可挂机。

作业项目	作业程序	说明/标准
跟踪服务	①遇到不能解决的问题,立即找主管或其他能解决宾客问题的人在5分钟内加以解决; ②致电宾客加以解释说明。	能够及时解决问题是宾客的期望。

2. 为老年人、残疾人服务

作业项目	作业程序	说明/标准
帮助宾客就座	①及时安排老年人、残疾人就座在离门口较近的座位或沙发上,以便其出入; ②对于走路不方便的宾客须给予必要的帮助,如帮助推车、拿物品等; ③宾客就座时,应主动协助宾客搬动餐椅,挪动餐桌。	
提供服务	①服务周到、耐心,不得催促老年、残疾宾客; ②如果宾客在拿取食物有困难时,服务员应主动帮助; ③当宾客站起来时,服务员应及时给予帮助。	服务时须给予老年、残疾宾客特殊的照顾,随时了解他们的特殊要求。
征询意见	①询问宾客对服务的意见,有何不周到的地方; ②对宾客提出的意见和建议表示感谢,填写《宾客信息反馈表》,并及时上报经理。	对宾客提出的意见和建议应表示感谢。

第二节
解决疑难问题

实训项目

1. 为儿童服务

作业项目	作业程序	说明/标准
帮助就座	①及时安排带小孩的宾客到远离通道的地方就座,询问宾客是否需要儿童椅,如需要则立即准备,并协助家长把小孩抱到儿童椅上; ②取得家长同意后,为小孩系好安全带,并把小孩面前的易碎物品收走,只留下一个盘和一副汤碗和汤匙。	
服务	①给宾客推荐适合儿童的饮料和食品,并备吸管; ②在分汤等较烫的食品时,应把食品放在家长的右手边,避免小孩直接接触; ③开餐时,厨房出来的菜或汤都有较高的温度,易烫伤人,为了安全,遇到小孩到处乱跑时应马上制止; ④如遇到委托餐厅看护婴儿的宾客,应委婉告知宾客餐厅无此服务项目,并协助宾客联系酒店客房中心,为宾客办理婴儿看护服务。	①餐厅可适量准备一些小玩具,以稳定小孩的情绪; ②小孩面前不能放开水、刀、叉等物品。

2. 为生病宾客服务

作业项目	作业程序	说明/标准
了解情况	①如宾客来到餐厅告诉服务员,因生病需要特殊食品时,服务员应礼貌地问清宾客哪里不舒服,需要何种特殊服	

作业项目	作业程序	说明/标准
了解情况	务,并尽量满足宾客的需求。 ②如宾客表现出身体不适,而没有告诉服务员时,服务员需要主动询问宾客说:"先生/女士,您身体感到不适吗?需要我帮助吗?"以便帮助宾客。	
安排座位	①将生病的宾客安排在餐厅门口的座位上,以方便宾客离开餐厅或去洗手间; ②如宾客头痛或心脏不好,应给该宾客安排相对安静的座位。	
服务生病宾客	①根据询问了解的情况,给生病宾客以相应的服务; ②积极向生病宾客推荐可口饭菜,与厨房配合,为其提供稀饭、面条一类的食品; ③如生病宾客需要就医,应向其绍附近就医场所; ④为生病宾客提供白开水,以方便其服药; ⑤由经理同客房部联系,告诉生病宾客所在房间,建议为其送上花篮或果盘,以示慰问。	
服务突发病宾客	①在餐厅内如遇突发病宾客,服务员须保持镇静,马上通知大堂经理或拨打"120"救助; ②照顾发病宾客坐在沙发上休息,如宾客已休克,则不宜搬动; ③应安慰其他宾客,等候医生到来; ④待医生赶到,协助医生送宾客离开餐厅,去医院就医。	

3. 为有急事宾客服务

作业项目	作业程序	说明/标准
了解宾客的情况	①当了解到宾客赶时间时,应礼貌地问清宾客能够接受的用餐时间; ②将宾客安排在靠近餐厅门口的地方就座,以方便宾客离开餐厅。	
为宾客提供快速服务	①待宾客就座后,立即为宾客点好酒水,并为其取回所点的酒水; ②同时另一位服务员立即为宾客订点菜单,推荐制作和服务较为迅速的菜品,如果宾客已订需等待时间较长的菜品时,服务员要向宾客说明所用时间,并询问宾客是否能够等待; ③服务员为宾客订好点菜单后,立即将点菜单送到厨房,通知传菜组和厨师宾客赶时间的情况及菜品制作的时限; ④在宾客要求的时间内,快速准确地把宾客所点的菜品上齐; ⑤在宾客用餐的过程中,随时关照宾客,及时为宾客添加酒水,并撤掉空盘、更换餐盘。	
结账	①宾客用餐完毕之前,服务员及时准备结账单,并询问宾客是付现还是刷卡; ②宾客结账时,服务员应对匆忙中服务不周表示歉意。	

4. 为左手用餐的宾客服务

作业项目	作业程序	说明/标准
安排座位	①当服务员了解宾客是左手用餐习惯时,应关照其就座的位置;	

作业项目	作业程序	说明/标准
安排座位	②如果是方桌,服务员应请宾客坐在左边没有人的位置上,如果是圆桌,服务员应尽量使宾客左侧半米内无人落座。	
摆放餐具	服务员站在宾客右侧,将餐盘右侧的筷架、勺子、筷子撤在托盘上,然后转站在宾客左侧,用右手托托盘,左手将筷架、勺子、筷子摆放在宾客餐盘的左侧。	
提供服务	①服务员在为宾客服务酒水时,应将酒水放在宾客左手容易拿到的位置,即放在筷架的正前放,用右手托托盘,左手拿酒水,站立于宾客左侧提供酒水服务; ②为宾客服务食品及小吃时,将食品从宾客左侧用左手放在餐盘上,将小吃放在宾客左侧。	

5. 在餐厅客满的情况下,接待用餐的宾客

作业项目	作业程序	说明/标准
问侯并告诉宾客餐厅已客满	迎宾员首先问侯宾客,并礼貌告诉宾客,餐厅已客满。	规范用语:"先生/小姐,上午好/下午好/晚上好,欢迎光临餐厅,很抱歉,餐厅现在已经客满,请您稍等一下,如有空位时,我立即为您安排。"
请宾客等侯	①观察餐厅用餐情况,并预计宾客需要等侯的时间; ②提出建议,请宾客在餐厅外休息处等侯,并告诉宾客当餐厅有座位时会尽快请宾客进餐厅就座;	

作业项目	作业程序	说明/标准
请宾客等候	③告诉宾客需要等候的时间； ④如宾客同意等候，则为宾客提供茶水或酒水服务，同时请宾客看菜单； ⑤如果宾客不愿意接受等候的建议，可建议宾客在宾馆内的其他餐厅用餐，并介绍其他餐厅的风味特点； ⑥如果宾客同意去其他餐厅用餐，应立即用电话帮助宾客做就餐预订； ⑦告诉宾客去其他餐厅的路线，并再次为宾客不能在本餐厅就餐表示歉意。	
请宾客就餐	①尽量保证在预计时间内让等候的宾客就餐，并准时或提前几分钟请宾客进餐厅就座； ②如有多位宾客等候用餐，应按先后顺序安排用餐，如宾客有误会可对其进行解释。	

6. 退菜服务

作业项目	作业程序	说明/标准
退菜分类	A类：菜肴中有杂物、虫蝇、原料不新鲜或未择净； B类：菜肴过咸或过淡，烹调过老或不熟，口味不好，温度不够，数量不足，超过规定时间未上(或未上齐)； C类：其他非菜品本身质量的问题(包括未超出规定时间而宾客要求退的菜)。	
A、B类退菜服务	①服务员应无条件地接受，并诚恳地向宾客表示歉意："这是我们的工作失误，非常抱歉，给您换一道好吗？" ②态度要诚恳，然后将菜放于宾客看得	态度诚恳地表示歉意，并及时处理。

作业项目	作业程序	说明/标准
A、B类退菜服务	见的位置。 ③当新菜上来之后，应使用礼貌用语："非常抱歉，这是为您新做的菜，请您品尝。" ④同时向主管以上管理人员反映，管理人员必须及时赶到现场，向宾客表示道歉，并对此事做出处理（相关人员追究其责任）。	
C类退菜服务	①当遇到宾客要求退自己所点的菜时，应当予以拒绝，但可尽力帮助转卖给别的宾客，并向宾客耐心讲清道理，劝宾客不要退菜，吃不完可以打包带走； ②如遇到宾客订餐人数多，实到人数少的情况，可经过协商（入座后就提出）酌情退菜，当宾客要求换菜时，服务员应先去厨房询问宾客以前所点的菜是否已制成半成品或成品，若未制成，可给予调换，如果不能调换，应向宾客说明道理。	服务员需向宾客耐心解释。

7. 处理投诉

作业项目	作业程序	说明/标准
倾听	①听取宾客的投诉，注意细节，让宾客充分地说出他们的感受和要求； ②要态度诚恳、心平气和地认真听取宾客投诉的原因，承认宾客投诉的事实； ③倾听时要保持镇静，不能有生气的表现，更不能与宾客争辩。	听取宾客投诉意见时，要注视宾客，不时地点头示意，并不时地说："我理解，我明白，一定认真处理这件事情。"

作业项目	作业程序	说明/标准
道歉	①倾听完后要表示虚心接受,向宾客致谢或道歉,如"非常抱歉听到此事,我们理解您现在的心情"; ②对宾客提出的不实意见不能说"没有的事"、"绝不可能"等语言。	重复宾客的投诉,以确保清楚所有的过程,并让宾客知道已经用心倾听。
采取措施	①对自己无法做主的事要及时报告主管、领班,并采取措施,平息宾客的投诉,当采取行动纠正错误时,一定要让宾客知道并同意将采取的处理决定及具体措施内容,这样才会有机会使宾客由抱怨变为满意; ②尽量缩小影响面,当宾客同意所采取的改进措施时,要立即行动,补偿宾客投诉损失,决不能拖延时间。	耽误时间只能进一步引起宾客的不满,扩大影响。
致谢	当遇到宾客批评、抱怨和投诉的时候,不仅要欢迎,而且要感谢。	如"感谢您,×先生,给我们提出的批评、指导意见","您及时让我们知道服务中的差错,这太好了,非常感谢您×先生。"

8. 处理突发事件

作业项目	作业程序	说明/标准
喝醉酒的宾客	①先确定宾客是否确已喝醉,然后决定是否继续供应含酒精饮料; ②如果宾客的确已喝醉,应礼貌地告诉宾客不可以再向他提供含酒精饮料,同时要端上清口、醒酒的食品或饮品,更加耐心细致地做好服务; ③如果宾客呕吐或带来其他麻烦,服务	事故处理结果应记录在工作日记上。

作业项目	作业程序	说明/标准
喝醉酒的宾客	员要及时送上漱口水、湿香巾,并耐心地迅速清理污物,不可表示出厌恶的情绪; ④如果醉酒宾客住在本酒店,没有人搀扶已不能够回房间,则应通知保安部陪同宾客回房,当宾客不住在本酒店时,也应交由保安部门陪同宾客离去; ⑤如醉酒宾客有损坏餐厅物品行为时,应对同桌的清醒者讲明赔偿要求。	
餐厅突然停电	①面对突然停电,服务员要保持镇静,向宾客道歉,并立即开启应急灯,或为宾客餐桌点燃备用蜡烛,创造浪漫氛围(也可穿插典故讲解,让其享受烛光餐); ②了解停电原因,向宾客做出解释,并再次表示歉意,要尽可能地提供更优质的服务,加以弥补; ③对强烈不满的宾客,通知领班、主管灵活解决,但不要离台,以防止宾客逃账。	餐厅的备用蜡烛,应该放在固定的位置,以方便取用。
宾客损坏餐具	①要马上收拾破损的餐具; ②对宾客的失误表示同情,关切地询问宾客有无碰伤并采取相应措施; ③不要指责或批评宾客,使宾客难堪; ④在合适的时机,用合适的方式告诉宾客需要赔偿,并通知吧台结账时一起计算收款。	

作业项目	作业程序	说明/标准
宾客在较晚时间来就餐	①要更加热情,不得有任何不耐烦、不高兴的表示; ②先请宾客入座,然后和厨房联系,之后再为宾客介绍简单、快捷的菜品。	自始至终热情服务,不得以关门、清洁卫生等方式催促宾客。
宾客未付款而准备离开餐厅	①服务员应马上追上前有礼貌地告诉宾客吧台收银位置,如"先生,您是要买单吗?这边请。" ②如宾客仍不配合,可对其小声说明情况,并补付餐费。	要注意礼貌,不能粗声粗气地质问宾客,以免使宾客反感而不承认。
宾客要求菜谱上没有的菜肴	①首先要向厨房了解该菜能否马上做; ②如厨房有原料能马上做,应尽量满足宾客要求,如厨房暂时无原料不能马上做的,要向宾客解释或预请宾客下次品尝。	
宾客要向服务员敬酒	①要表示致谢,并婉言谢绝,向宾客说明工作时间不允许喝酒; ②要主动地为宾客服务,如撤餐具、加茶水等避开其注意力,不致使其难堪,或借故为其他宾客服务; ③如确实难于推辞,应先接过来,告知宾客工作结束后再饮,然后换个酒杯斟满后给宾客,同时表示谢意。	
给宾客上错了菜	①应先表示歉意,若宾客还未动筷,应及时撤掉,端厨房核实,及时端上宾客点之菜; ②若宾客已经动筷,则不必再撤,同时不能收费,也可视情况,婉转地说服宾客买下,若宾客执意不肯,上报主管后做为赠送菜。	

155

作业项目	作业程序	说明/标准
因操作不当,弄脏宾客衣服（物）	①首先要诚恳地向宾客道歉,并迅速用干净香巾帮宾客擦拭(如果是女士,应让女服务员为其擦拭),服务中要多关注此宾客,提供满意的服务,以弥补过失; ②征询宾客的意见,可否帮助宾客清洗,替宾客干洗后按地址送回,并再次道歉,对宾客的原谅表示谢意。	决不可强词夺理,推卸责任,应及时上报领班、主管,必要时也可让领导出面道歉,以示对宾客的尊重。
宾客点的菜已售完	①向宾客表示歉意,并耐心解释此风味菜是根据原料的特点,当日进货、加工,当日售完; ②向宾客推荐类似的菜肴,并欢迎宾客改日光临品尝。	注意:推荐的菜肴一定要有,如果宾客点的菜肴接二连三出现没有,则由主管、领班出面道歉。
宾客对菜肴质量不满	①重新加工:若宾客提出的菜肴质量问题可以通过重新加工得以解决,如口味偏淡、成熟度不够等,服务员应对宾客说:"请稍候,让厨师再给您加工一下。" ②换菜:若宾客对菜肴原料的变质或烹饪的严重失误提出责疑,服务员应向主管汇报,由主管出面表示关注与致歉,并应维护餐厅形象,主管应对宾客说:"十分抱歉,这是我们的一个失误,以后不会发生的,我立即让厨房给您换菜,一定令您满意",并指示服务员给宾客加菜,以求诚心慰问。 ③价格折扣:若宾客在结账时,提出菜肴质量问题,又是情况属实,加上宾客是老主顾,一般应给予菜价折扣,以九折或九五折为妥。	

作业项目	作业程序	说明/标准
宾客认为其所点菜肴不是这样	①细心听取宾客的看法,明确宾客所要的是什么菜; ②若是因服务员在宾客点菜时理解偏差或未听清而造成上菜失误,应马上为宾客重新烹饪其满意的菜肴,并向宾客道歉; ③若是因宾客未讲清楚或对菜理解错误而造成上菜错误,服务员应该耐心地向宾客解释该菜是理解错误而造成的,同时应向宾客解释该菜肴的制作方法及菜名的由来,菜肴的原料、配料、制作过程和口味特征等,以提起宾客兴趣。	
宾客结账时,认为价格不合理	①应耐心替宾客对账,向宾客解释单上的每项收费; ②若宾客是老主顾,可请示主管是否给予适当优惠; ③待宾客结账后,有礼貌地向宾客表示感谢。	
在宴会开始前才知道个别宾客是宗教教徒	①立即征求宴会主办单位负责人的意见,是否另外准备一些特别的菜肴,避免冒犯宾客的禁忌; ②征得同意后,尽快为宾客做好安排。	
宴会进行中,宾客提出要增加菜肴	①做好宾客的参谋,根据宾客的要求,为宾客介绍一些制作时间短的菜肴; ②征得宾客同意后,立刻与厨房联系,菜肴的费用必须另加。	

作业项目	作业程序	说明/标准
开餐时，两桌宾客同时需要服务	①服务既要热情、迅速、周到，又要忙而不乱，更要面面俱到； ②给等待的宾客以热情、愉快的微笑，说一句"马上就到"、"请稍等一会儿"。	要做到一招呼、二示意、三服务。
有外来的人员寻找正在餐厅就餐的宾客	①先问外来人的姓名、单位，然后请其稍等； ②到餐厅中询问就餐宾客是否接见，如宾客同意则把来人引领到就餐宾客的餐桌； ③如宾客不同意，则婉转地告知来人，其要寻找的宾客未在酒店就餐，请其到别处寻找。	

案 例

经营微笑：希尔顿的成功之道

在希尔顿酒店走廊的墙壁上，随处可见这样一句话："今天你微笑了吗？"

从一家扩展到70多家，从5000美元发展到数十亿美元，名声显赫于全球的美国希尔顿饭店，半个世纪以来，稳坐世界酒店业"大哥大"地位。希尔顿要求每个员工不论如何辛苦，都要对顾客投以微笑，即使在旅店业务受到经济萧条的严重影响的时候，他也经常提醒职工记住："万万不可把我们心里的愁云摆在脸上，无论旅馆本身遭受的困难如何，希尔顿旅馆服务员脸上的微笑永远是属于旅客的阳光。"有一次希尔顿询问员工："你认为还需要添置什么？"员工们回答不出来，他笑了："还是一流的微笑！如果是我，单有一流设备，没有一流服务，我宁愿弃之而去，住进虽然地毯陈旧，却处处可见到微笑的旅馆。"

请思考

服务人员注重良好的仪容、仪表和仪态，有哪些意义和作用？

宾客消费金额低≠提供服务质量低

一天中午，某酒店餐厅匆匆忙忙来了两位宾客，点了不到400元的菜，还催促服务员要快一些。服务员小李向两位宾客推销酒水，但他们以有急事为由拒绝了小李的推销。小李觉得两位宾客的消费金额不高,心里有些不耐烦,就对他们态度很冷漠,上菜服务时板着脸,虽然使用了敬语,但听得出来没有热情。在宾客用餐期间,小李还和旁边的服务员小王对着宾客指指点点,当宾客提出添茶水时,小李表现得极不耐烦。宾客虽然在赶时间,但也感觉到了小李的态度,整个就餐过程中心情非常不愉快。在结账离开的时候,对小李提出了投诉。

请思考

服务员小李的行为可能产生哪些后果?

醉酒宾客撞烂花瓶

某天晚上9:00左右,一群醉酒的宾客在某酒店餐厅用餐时,不慎将花瓶撞倒。在结账时,领班要求宾客赔偿,经询问办公室该花瓶价格为1200元后,领班便将此价格报给了宾客;但宾客表示价格太贵,并拒绝赔偿。服务员随后发现其中一位宾客是餐厅的签单客户李先生,于是便告之宾客可以先垫付600元,但他们仍然不同意。后来经餐厅经理与宾客协调,商定第二天再解决此事。

评析

(1)如果确认宾客是酒店的签单客户,在醉酒的情况下造成物品损失,首先应在最短的时间内解决好此事,尽量减少与醉酒宾客纠缠,以保证餐厅的正常经营与秩序;同时,告诉同行的清醒一点的宾客今天打烂花瓶的事情,事后再跟宾客协商赔偿事宜。

(2)提出让宾客赔偿的物品,必须要提供该物品价格的相关依据(如到财务部门查出该物品的发票出示给宾客过目),再谈具体赔偿的价格,这样更具说服力,而不会让宾客误以为是在凭空估价。

等待收拾的餐具

周末晚上18:30,某公司的老总张总想在客房内用自己的晚餐,所以就让餐饮部送餐到客房。餐饮部按照要求将张总的晚餐送到了,张总让服务员小李半个小时后来收餐盘。可是由于餐厅人手不够,且当天餐厅特别的忙,小李就把这件事情给忘记了。张总在客房里用过晚餐,就等待服务员收餐具,结果一直都没有服务员前来,张总终于无法忍受,就打电话去投诉,质问为什么没有服务员来收拾餐具,并且态度非常强硬,要求立刻派人过来收拾餐具。可是由于人手不够,一直到晚上21:30以后,服务员才过来收拾餐具,这时候,张总已经愤然退房离开了。

> **评析**
>
> 　　客房送餐服务（Room Service）是指根据宾客要求在客房中为宾客提供的餐饮服务。它是四、五星级酒店为方便宾客、增加收入、减轻餐厅压力、体现酒店等级而提供的服务项目，但目前送餐服务中存在着送餐速度慢、餐具回收推诿、服务规范不到位等问题。

　　送餐工作中应遵守客房送餐服务程序和规范。服务流程如下：①接听宾客订餐电话，询问需求，并复述预订。②处理订单，安排送餐人员，准备送餐物品，装运菜点。③按订餐要求时间送餐，先按门铃，自报身份，主动问好；若宾客不在房间，应请楼层服务员开房后进入或在门前稍候；如遇宾客着装不整，应在门外等候，等宾客穿好衣服后再进房送餐；按宾客要求将食品饮料放在指定桌上，摆放整齐，请宾客用餐；退出房间前告知宾客收餐具时间，然后主动与宾客告别，轻轻带上房门。④宾客用餐1个小时后电话询问宾客是否用餐完毕，是否可以收餐具；送餐员按宾客要求或规定时间到客房收餐具，并带好账单；将账单交给宾客，待宾客认可后请宾客签单；若宾客交现金，则当面点清；向宾客表示感谢。

主要参考文献

[1] 邓英,马丽涛.餐饮服务实训-项目课程教材[M].北京:电子工业出版社,2009.
[2] 杜建华,杨大波,陈慧泽.酒店餐饮服务技能实训[M].北京:清华大学出版社,2009.
[3] 吴吟颖.餐饮服务与管理实训教程[M].上海财经大学出版社,2008.
[4] 宋春亭,李俊.中西餐饮服务实训教程[M].北京:机械工业出版社,2008.
[5] 李晓东.餐厅服务实训教程[M].北京:旅游教育出版社,2009.
[6] 巢婷,闫新立,甘露.餐厅服务技能综合实训[M].北京理工大学出版社,2009.
[7] 邹金宏.餐厅服务培训大全[M].北京:中国物资出版社,2009.
[8] 饶雪梅.餐饮服务实训教程[M].北京:科学出版社,2007.
[9] 沈群.饭店餐饮服务[M]北京:高等教育出版社,2006.
[10] 姜玲.星级餐饮服务人员指导教程[M].广州:广东经济出版社,2006.
[11] 程新造,王文慧.星级饭店餐饮服务案例选析[M].北京:中国旅游教育出版社,2005.
[12] 汪京强.旅游饭店中西餐饮服务实训教程[M].福州:福建人民出版社,2002.
[13] 陆朋.餐饮服务与管理[M].北京:中国物资出版社,2009.
[14] 职业餐饮网 http://www.canyin168.com
[15] 最佳东方网 http://eat.veryeast.cn